中部地区劳动力市场重构问题研究

刘晓英　著

科学出版社

北　京

内 容 简 介

本书旨在深入分析我国中部地区产业承接引起产业结构变化、中部地区劳动力市场出现的新特点，以及二者之间存在的关联问题。通过回顾劳动力市场的有关理论，具体考察了中部地区近年来产业承接现状、中部地区劳动力市场近年出现的新情况，进一步分析了中部地区产业承接劳动力支撑效应，即劳动力规模支撑的水平效应、劳动力质量支撑的垂直效应、劳动力收入支撑的市场需求效应、劳动力市场发育程度。最终提出劳动力结构的优化与产业结构调整的滞后，造成劳动力市场的失衡，劳动力市场的重构不仅需要相应的劳动力市场政策，也需要配套的产业政策。本书为中部地区劳动力市场的完善与重构提供了学术参考。

本书既可供各类高等院校的学生、教师阅读使用，也可以作为相关领域的科研工作者的参考用书。

图书在版编目（CIP）数据

中部地区劳动力市场重构问题研究/刘晓英著．—北京：科学出版社，2017

ISBN 978-7-03-054402-5

Ⅰ．①中… Ⅱ．①刘… Ⅲ．①劳动力市场-研究-中国 Ⅳ．①F249.212

中国版本图书馆 CIP 数据核字（2017）第 218363 号

责任编辑：王彦刚 王一茜 / 责任校对：陶丽荣
责任印制：吕春珉 / 封面设计：图阅盛世

科学出版社 出版
北京东黄城根北街 16 号
邮政编码：100717
http://www.sciencep.com

三河市骏杰印刷有限公司印刷

科学出版社发行 各地新华书店经销

*

2017 年 12 月第 一 版 开本：B5（720×1000）
2017 年 12 月第一次印刷 印张：10 1/2
字数：210 000

定价：52.00 元

（如有印装质量问题，我社负责调换〈骏杰〉）

销售部电话 010-62136230 编辑部电话 010-62135517-2016

前　言

本书以产业承接引起的产业结构变化为研究背景，利用规范分析与实证分析、定性分析与定量分析相结合的方法，对中部地区劳动力市场进行系统研究。

本书共分为八章。

第一章梳理了国内外关于产业与劳动力市场的已有研究。主要有产业转移效应的研究、产业结构和劳动力结构的研究、城乡劳动力市场非均衡研究、劳动力市场分割研究、劳动力市场灵活性与安全性研究、劳动力流动问题研究等，为全书提供理论基础。

第二章主要研究产业承接以来中部地区产业结构的变化特征。产业承接对中部地区产业结构产生了巨大影响。中部地区近年成为主要的产业承接地，但是产业承接存在很多问题，如重点承接行业多处于初级加工环节，行业利润逐年下降，企业出现生存困难现象。同时中部地区的服务业也存在发展滞后、内部优化缓慢的不足。本章研究中部劳动力市场的产业背景。

第三章探讨了中部地区劳动力市场的新特征。总体来看，中部地区普遍出现供不应求的局面，劳动力需求增加迅速。从三次产业劳动力的需求来看，第二产业劳动力需求上升明显，服务业内部发展不平衡。从不同教育程度劳动力的供求来看，低学历人员供给逐渐减少，高学历人员供给逐渐增加，劳动力供给得到明显的优化，但是劳动力需求结构转型滞后。从不同求职人员类型劳动力的供求来看，求职人员以成长失业青年居多，应届高校毕业生求职人数逐年增加，外埠人员求职人数出现先升后降等现象。从不同技术等级劳动力的供求来看，中部地区近年来对低技能人员需求较大，而对高级专业技术人员需求不高。

第四章分析了中部地区劳动力的水平效应。所谓水平效应，是指劳动力数量为经济增长所做的贡献。本章描述了中部地区劳动力数量的现状，对劳动力水平效应进行了测度，并分析了劳动力水平效应的影响因素。

第五章对中部地区劳动力垂直效应进行了实证分析。同样先分析了中部地区劳动力质量的现状，然后利用回归模型对垂直效应进行了总体测度，进而利用人口普查数据分析了三次产业和行业的劳动力供给垂直效应。

第六章着重分析了中部地区劳动力收入支撑的消费需求效应。中部地区本地产业需求是产业转移的动力之一，也就是说，产业之所以从东部转移到中部地区，除了看中中部丰富的劳动力资源和原材料资源外，还看到中部由于人口众多而带来的巨大市场需求，所以本章对中部消费需求进行了研究。收入水平的高低直接影响消费需求，本章分析了中部劳动力收入的变化情况、消费需求变化情况、收入增长对中部消费需求的影响以及影响消费需求与收入的其他因素。

第七章分析了中部地区公共就业服务体系。本章描述公共就业服务的供给现状，并对中部地区公共就业服务的效率进行了评价，另外分析了公共就业服务存在的问题。

第八章根据前面章节的分析提出了劳动力市场重构的相关政策建议。包括两方面的政策：产业政策和劳动力市场政策。这些政策包括：产业承接中要避免盲目性，产业承接中要注重高新技术的引进；规模化生产向个性化生产转型；要大力发展服务业；构建农民工技能培训制度，提高劳动力的产业支撑能力；完善大学生公共就业服务，建立就业服务体系；完善社会保障制度，构建公平竞争机制。

本书在近两年研究成果积累的基础上，经过一次次讨论与修改，终于形成一本学术著作。参与课题研究的成员有：刘晓英、刘昱、李德洗、刘升阳、温新德、凌祯薇，还有我们的学生：李丹萍、吴琪、朱艳。感谢他们的努力与付出！

由于作者水平有限，书中难免有不妥和疏漏之处，恳请读者批评指正。

目　录

第一章 劳动力市场理论与产业转移

第一节 国外产业结构与劳动力市场理论回顾

国外关于产业结构与劳动力市场的研究比较早，一方面包括产业转移对产业结构、劳动力市场、对外出口的影响等；另一方面包括产业结构与劳动力市场结构变化的基础理论，如“配第-克拉克”定理、库兹·涅茨法则等基础理论，为研究我国产业结构和劳动力市场结构提供了理论背景和研究框架。

一、产业转移效应的研究

1. 产业转移对产业结构的影响研究

1）关于产业转移对产业承接地产业结构的影响。产业转移有利于转入地产业结构的优化。对日本 FDI 与产业结构调整关系的研究证明了日本的对外直接投资不但使日本维持了在海外市场的份额，而且促进了日本产业结构与经济结构的调整与升级（Blomstrom et al.，2000）。对斯洛文尼亚的研究同样表明了对外投资对产业结构升级的促进作用，尤其是在国家发展初期，对外投资不仅可以使企业积累特定优势，同时可以通过向国外学习借鉴弥补自己的劣势，促进产业结构优化（Majan et al.，2000）。

2）关于产业转移对转出地产业结构的影响。低端产业转出，有利于转出地的产业结构升级。对韩国的实证研究表明，通过对外直接投资将低端生产环节转移至海外，提高了国内产业的技术密集度（Advincula，2000）。

2. 产业转移对劳动力市场的影响研究

产业转移对于转出地劳动力市场既有扩张效应又有替代效应。从理论上来说，将生产率较低的产业转移到国外可以使本国资源重新配置，劳动者进入新的企业就业，可以扩大甚至创造就业，从而起到扩大本国劳动力市场的效应（Kokko，2006）。但是实际上，本国的劳动力市场除了扩张效应之外，还存在替代效应，即低劳动生产率部门失业的劳动者不一定能很快实现再就业。产业转移对劳动力市场的影响取决于本国劳动力市场替代效应和扩张效应的相对作用力大小（Huang et al.，2011）。人们常常强调产业转出会对本国就业产生负面影响（Kokko，2006），但是众多学者的实证研究并没有发现这种负面影响，如学者利用微观数据发现，对外投资规模的扩大，并不一定导致本国就业减少，反而有利于保持就业水平

（Yamashita et al.，2010）；对外产业转移可以增加非正规劳动者就业（Ayumu，2012）。也有学者发现产业转移会在短期内对低技能水平劳动者就业产生负面影响（Hijzen et al.，2011；Wagner，2011），但并不一定会给国民经济造成负面影响（Ayumu，2012；Hijzen et al.，2011）。

3. 产业转移对出口贸易的影响研究

产业转移对出口贸易的影响分为替代效应与出口效应。当转移产业生产的产品与出口产品为互补关系时，会产生“出口诱发效应”而增加出口，反之如果转移产业生产的产品与出口产品为替代关系，则会因“出口替代效应”而减少出口。通过日本汽车产业对美国整车组装的直接投资和出口数据进行分析，用于整车组装的投资能够提高汽车零部件的出口额，而用于汽车零部件的投资则会降低汽车零部件的出口额。因此，汽车零件的投资则产生了出口替代效应（Blonige，2005）。出口诱发和替代效应根据对外投资方式的不同而不同，并且受产业关联性的影响（Belderbos et al.，2012）。

二、产业结构和劳动力结构变动的研究

产业结构的变动与劳动力结构的变动规律及特征有着十分密切的内在联系。一方面，产业结构的变化必然会引起劳动力结构的变化，劳动力的质量与数量随着产业结构调整而发生变动；另一方面，产业结构优化调整的实现依赖于劳动力结构的优化调整，各产业劳动力的分布比例情况，直接反映了产业的效益、构成及变化。相关理论主要有“配第-克拉克”定理、库兹·涅茨法则。

1. “配第-克拉克”定理

“配第-克拉克”定理是英国的经济学家科林·克拉克（Colin Clark，1940）计算了20个国家各部门劳动投入与产出之间的数据之后，提出经济发展中三次产业结构演变趋势及劳动力在三次产业中的结构变化理论。其中产业结构演变规律为：随着国民收入的提高与经济的不断发展，第一产业的产值在国民收入中的比例将逐步下降，同时第二产业的产值在国民收入中的比例不断上升，进入到工业化阶段，第三产业的收入也开始逐步上升。劳动力在三次产业中的分布与变化规律为：随着一个国家或地区的经济发展，劳动力最先是从第一产业向第二产业逐步转移，进而当该地区的收入进一步提高时，劳动力则开始向第三产业转移，即第一产业中的劳动力需求呈不断下降趋势，而第二、第三产业中的劳动力需求呈逐步上升趋势，经济发展程度越高的地区，第一产业劳动力需求比例越小，而第二、第三产业劳动力比例越大；经济发展程度较低的地区，则相反。其原因是不同经济发展阶段各产业劳动力的收入存在一定的差异，而劳动力总是会不断向具有更高收入的产业转移。

2. 库兹·涅茨法则

库兹·涅茨（Simon，1941）在“配第-克拉克”定理的基础之上，对国民收入与劳动力在各产业的分布变动进行了统计和分析。他将产业部门划分为农业生产部门、工业生产部门及服务部门，其理论可以总结为以下 3 点：一是随着经济的发展，农业生产部门的产值在国民收入中的比例与农业劳动力在劳动力中的比例都将处在不断下降的趋势中；二是工业生产部门的产值在国民收入中所占比例总体上是上升趋势，但是，工业部门的劳动力占全部劳动力的比例则是基本不变或者只是略微上升；三是服务部门劳动力所占全部劳动力的比例整体上是上升的，但是它的收入占国民收入的比例并不一定与劳动力同步上升，而是保持不变或者略微上升。单就对劳动力的影响来说，农业部门的劳动力比例是普遍下降的，当工业发展到一定程度之后，工业部门也不再需要更多的劳动力，而服务部门则具有最强的劳动力吸纳能力，并且呈现出较高的就业弹性。

第二节 我国劳动力市场研究

一、城乡劳动力市场非均衡的研究

我国城乡劳动力市场非均衡的研究目前主要集中在以下 4 个方面。

1. 关于城乡劳动力市场非均衡特点的研究

我国的城乡劳动力非均衡主要表现为劳动力的转移，从“民工潮”到“民工荒”再到“返乡潮”都加剧了城乡劳动力市场的非均衡。20 世纪 80 年代，“民工潮”出现，大批来自农村的农民涌入城市，主要原因是我国人多地少，农村存在大量剩余劳动力（葛象贤，屈维英，1989）。进入 21 世纪，我国的经济规模迅速扩大，农业劳动力转移数量也快速地上升。2004 年春天，从沿海地区特别是珠江三角洲地区开始，进而发展到劳动力流出地区的“民工荒”“技工荒”，这些是劳动力出现短缺的一个最初信号（蔡昉，2006）。2009 年，学者们预言的劳动力短缺并没有出现，却掀起了民工的“返乡潮”（侯东民，2009），这在学术界掀起了对中国是否已经到了刘易斯拐点的讨论，现在主要有 3 种观点：一是我国还没有迎来刘易斯拐点（孙自铎，2008；简新华，张建伟，2005），他们认为我国的劳动力供大于求的现状在短期内不会改变，仍然存在大量的农村剩余劳动力在等待转移；二是我国只是进入了刘易斯转折区，而没有真正到达刘易斯第二拐点（王德文，2009；李月，2008），即由于我国经济发展不平衡，东部地区在向刘易斯拐点趋近，而西部地区距刘易斯拐点尚远，只有全面达到刘易斯拐点才能说我国迎来了刘易斯拐点；三是我国已经迎来了刘易斯拐点（蒯鹏州，2010；姚上海，2009；

张晓波，杨进，王生林，2009），即我国农村劳动力的无限供给正在消失，刘易斯拐点来临的迹象十分明显。

2. 关于城乡劳动力市场非均衡原因的研究

从宏观方面进行研究的学者认为我国城乡劳动力市场非均衡的主要原因有：重点发展重工业的工业化战略及人口数量的失控（周其仁，1997）；二元性的一系列体制（赖德胜，1996；李萍，1999）及状态（王小鲁，樊纲，2004）；市场失灵（陈志，李盼道，2005）；制度性失业和行政垄断性失业（王诚，2009）；乡镇企业的发展、城乡经济体制改革、城乡收入差距对农村劳动力转移的推动（蔡昉，2006）等。而微观方面的原因则是对农村劳动力转移程度、就业状况及收入状况产生的影响因素，具体包括年龄（梁聪，2007）、性别（朱农，2005）、婚姻状况（刘学军，赵耀辉，2009）、受教育程度（姜长云，1995），以及企业资本市场扭曲（时磊，田艳芳，2013）等。

3. 关于城乡劳动力市场非均衡演变趋势的研究

城乡劳动力市场非均衡的演变趋势主要通过城乡劳动力的需求与供给总量是否平衡和城乡劳动力收入差距是否缩小来判断。根据预测，从长期来看，我国的劳动力数量先上升后下降，所以未来的劳动力供给情况不容乐观（蔡昉，2005）。而随着劳动力的流动，城乡收入差距并没有表现出收敛性，对这一现象的原因，蔡昉（2005）认为是“城乡劳动力市场人为隔绝的户籍制度的继续存在，造成中国农村劳动力转移的一个非典型特征，即暂时性的劳动力流动替代了永久性的人口迁移，其结果是虽然迁移规模扩大，却没有带来城乡收入差距的缩小。以户籍制度的存在为典型的制度扭曲，是造成上述扭曲的根本原因”。

4. 关于城乡劳动力市场非均衡对策的研究

学术界针对市场非均衡问题提出了很多政策措施，如消除导致劳动力市场分割的制度根源——二元结构，建立促进劳动力市场发育的成本补偿机制（蔡昉，2000），采取措施创造就业岗位（葛培波，崔越，2002），纠正市场失灵（陈志，李盼道，2005），转变经济增长方式（蔡昉，王美艳，2006），提高劳动报酬（储丽琴，曹海敏，2013），优化产业布局（成必成，2013）等。

二、劳动力市场分割问题的研究

20 世纪 90 年代中期，随着一系列社会经济变革的开展，我国劳动力市场逐步得到了发展，我国学者也正式开始了对劳动力市场分割问题的研究，并且随着劳动力市场特征的不断变化，市场分割问题的研究也在不断深入，其研究内容大多集中在以下几个方面。

1. 关于劳动力市场的分割形式

我国劳动力市场的运行机制复杂，不同时期对分割的描述差异性较大，劳动力分割形式也多种多样。早期学者强调我国劳动力市场的制度性分割（张炳申，1994；赖德胜，1996；李萍，1999），他们认为制度，特别是城乡分割的户籍制度对我国劳动力市场分割形成影响。蔡昉（1998）提出了城市劳动力市场的二元化，将城市劳动力市场划分为代表传统劳动力市场的典型国有企业和因市场化经济改革进程产生的新生部门两种市场；朱镜德（2001）将我国的劳动力市场划分为城市完全竞争劳动力市场、城市不完全竞争劳动力市场、农村不完全竞争劳动力市场及农村完全竞争劳动力市场；朱农（2001）将劳动力市场划分为与 4 种经济部门相对应的四元劳动力市场；李建民（2002）认为我国的劳动力市场存在 4 种形式的分割：城乡分割、地区分割，部门分割，以及劳动力正式市场与从属市场的分割；张展新（2004）认为我国劳动力市场城乡分割与部门不断弱化，并且出现了产业分割。

2. 关于劳动力市场分割的原因

导致我国劳动力市场分割的原因有很多，但归根结底仍是制度与体制原因。社会转型使传统城乡劳动力市场分割进一步演化为体制外劳动力市场与体制内劳动力市场（赖德胜，1996）。户籍制度（李湘萍，郝克明，2006）、以户籍制度为核心的就业歧视（韩秀华，2008），以及由户籍制度引发的医疗、养老等城乡分割的社会保障制度（王德文，2004）是造成我国城乡劳动力市场分割的主要因素。

3. 关于劳动力市场分割的实证研究

我国劳动力市场分割的实证研究开始于 20 世纪 90 年代末期，起步较晚，数量较少，但仍然取得了一些成绩：通过实证分析证明了中国劳动力市场分割的存在及其分割程度（李萍，刘灿，1999；王怀民，2005；史晋川，战明华，2006；晋利珍，2009）；对二元劳动力市场分割理论在我国的运用进行了检验（郭丛斌，2004）；并且证明了我国存在行业效应引起的市场分割（郭丛斌，2004），以及不同地区城镇职工收入不同引起的地区分割（李实，魏众，2008）。

三、劳动力市场灵活性与安全性问题的研究

1. 劳动力市场灵活性与安全性问题的理论研究

理论研究主要包括劳动力市场的内涵、运行模式及政策选择等方面的研究：蔡昉（2005）认为我国应建立一个统一，并且充满灵活性与竞争性的劳动力市场；张车伟（2009）从经济发展与就业角度提出了我国建立灵活安全劳动力市场的政

策选择；孙乐（2010）指出应该使劳动力市场由边缘灵活化向核心灵活化发展，打破阻碍劳动力合理流动的壁垒，真正实现劳动力市场灵活性与安全性的平衡；王阳（2011）从劳动力市场灵活安全性理论出发，对当前劳动力市场的灵活安全性表现进行了系统描述和评估，并围绕实现我国劳动力市场“有保护的灵活化”提出了4点优化模式的建议。

2. 劳动力市场灵活性与安全性问题的实证研究

近年来我国学者对劳动力市场灵活性、稳定性及其关系的研究更侧重于实证研究：周申、杨红彦（2012）通过对1999～2009年30多个省市大量数据的统计，实证分析了劳动力市场灵活性对内资企业的劳动生产率及外商投资与分布的影响，证明了劳动力市场灵活性的增加不仅将对外商直接投资产生正向的影响，同时也通过灵活性本身增加和外商投资增加的双重作用对内资企业劳动生产率产生正向影响；余官胜（2012）通过门槛效应模型，对刚性不同的劳动力市场，贸易增长对产业之间劳动力转移的影响差异进行了研究，发现劳动力市场刚性必须低于门槛值，才能使贸易增长对劳动力转移产生促进作用；张原、沈琴琴（2012）通过构建劳动力市场灵活性指标体系及模型得出，我国劳动力市场灵活安全性基本符合模型曲线，但也存在复杂的关系，并且不同群体、产业、地区及体制内与体制外的劳动力市场的灵活性与安全性差异较大。

四、劳动力流动问题的研究

1. 关于我国劳动力流动的理论研究

我国学者在二元经济劳动力流动基础之上，结合中国国情创造性地提出了各种经济理论与模型，在模型方面有外出家庭决策模型（杜鹰，白南生，1997）、逻辑离散模型（杨春瑰，2003）等。在理论方面，丁兆庆（2004）指出我国是市场主导与行政主导兼具的独特的“双二元结构”；黄泰岩（2005）、张宏伟（2008）提出了“工业经济、农业经济及知识经济”的三元经济理论；朱农（2001）则认为我国的劳动力迁移不同于托达罗的三部门经济模型，提出了包括城市非正规部门、城市正规部门、农村非农产业及农业的四元经济假设；肖六亿（2008）将劳动力流动的决定因素从收入层面推入更深层次的技术进步层面，指出技术进步是驱动劳动力流动的根本动力。

2. 关于我国劳动力流动的实证研究

近年来，实证研究占据劳动力流动研究的主要比例。袁志刚（2007）通过对“城镇失业与农村劳动力流动的相关性”研究发现，二者的相关性并不高，农村剩余劳动力的增加并不是城镇劳动者失业的主要因素；赵伟、李芬（2007）通过新经济地理学的经典模型对异质性劳动力的流动进行的研究显示，高技能劳动力的集聚将会扩大该地区的收入差距，而低技能劳动力的流动则有利于延缓收入差距的不断扩大；熊婕、腾洋洋（2010）将异质性劳动力流动分为短期与长期，进一步研究了劳动力流动对城乡收入差距的影响，他们认为提高高技能劳动力的比例，并缩短劳动力的流动半径，可以增大人力资源对农村的外溢效应；孙文凯等（2011）通过双方差回归方法的研究发现，户籍制度在影响农民工流动方面的作用不及社会网络的影响及收入的增加。

五、关于劳动力与产业的研究

在产业转移与劳动力市场理论研究的基础上，我国学者开始关注产业转移对产业转出地与承接地劳动力结构、质量及供求的影响，并且实证研究较多，理论研究相对较少。

1. 产业转移中关于劳动力迁移成本的研究

我国学者对于产业转移的研究多集中在资本、劳动力及技术等要素转移中，对劳动力迁移成本的研究较少，实际上劳动力迁移的成本将通过影响劳动力的跨区域流动而引起相关产业的转移。在运输成本较高的情况下，劳动力迁移成本升高会使劳动力产生回迁的趋势，形成核心边缘结构；在运输成本中等的情况下，劳动力迁移成本升高也会使劳动力产生回迁的趋势，但会形成对称结构或者核心边缘结构；在运输成本较低的情况下，劳动力迁移成本升高会引致劳动力向东部地区转移，形成核心边缘结构（李冠楠，2012）。

2. 关于产业转移、产业结构及劳动力结构的研究

1）产业转移对劳动力结构的影响研究。狭义的劳动力结构仅指劳动力在不同产业中的分布结构，而广义的劳动力结构还包括劳动力的人口结构，即年龄结构、质量结构、地域结构等。产业转移对劳动力结构的优化作用不仅体现在就业机会与人数的增加，还包括对劳动力的性别结构、产业结构、学历结构等因素的影响，河源市的产业结构升级对劳动力结构影响的实证研究表明，劳动力结构的变动与产业结构的变动方向在整体上是一致的，但其影响效应不完全是显著的，并且二者在规模与速度上不一定是完全同步的，因此，在分析产业结构对劳动力结构的影响时，需要测算二者结构的偏离度及比较劳动生产率的大小（邝惠贞，刘力，2011）。东部发达地区的产业转移逐步改变了武汉市各产业的劳动力分布情况，大量的农村剩余劳动力不再大规模外出，而是在本地向二、三产业转移，劳动力结构得到了初步的优化（姚莉，罗婷，2012）。

2）产业结构与就业结构的内生关系研究。产业结构与就业结构的关系，总结来说就是相互影响、相互促进，我国学者对此进行了大量的实证研究。对福建省

的就业结构与产业结构的整体协调度和偏离度研究表明，资本对劳动力的替代、政策壁垒、劳动力素质过低是导致福建省就业结构滞后于当前产业结构的主要原因（陈心颖，2012）。而通过对湖南省的产业结构、就业结构的纵横对比分析发现，湖南省的产业结构的演变过程大体上符合产业结构与就业结构转变的一般规律，并逐步趋于合理（李琳，阳吉运，高希，2010）。薛继亮（2013）通过构建产业结构转变与劳动力市场转变的联立方程，运用我国各省 2001～2011 十年间的数据对劳动力市场与产业结构的内生关联性进行了研究，结果发现二者是有相互促进作用的。劳动力、市场、资本因素会推动产业结构的升级，经济和政策因素会对劳动力市场的转型起到决定作用。我国目前投资结构与产业政策的显著变化所引起的产业结构转型，可能会带来结构性失业，产业政策的变动则可能引起摩擦性失业，这是我国产业转型期的劳动力市场需要重点关注的现象（莫荣，2011）。具体到城市来说，北京市各产业的产值规模与结构共同作用于相应产业的就业规模与结构，各个产业的产值结构变化也是就业结构变化的最重要原因（童玉芬，2007）；而从上海市 1990～2010 年的 GDP 增长率、就业增长率与就业弹性数据变化情况可以看出，产业结构的调整导致上海市的就业弹性下降，失业率和失业人数都有所增加（黄丽鹏，2012）。

3）产业结构与就业结构的偏离分析。在三次产业的分类基础之上，我国学者通过比较劳动生产率、结构偏离度、劳动力参与率、就业弹性等多种指标对产业结构和就业结构的偏离与偏离度进行了研究。较早的研究是郭克莎（1996）对相对劳动生产率和就业结构的偏离度进行的探讨，她认为我国的产业结构与就业结构偏离趋势相对于其他国家来说，偏差度更大并且下降速度缓慢。有学者对就业结构和产业结构的偏差进行了国际间的比较（夏杰长，2000），也有学者对我国西部、中部、东部及整体的产业结构和就业结构的关系及比较进行了研究，发现这 4 个地区的产业结构与就业结构存在比较大的差异，在第二产业的产业和就业结构协调度方面，东部地区是最高的（封晓庆，2007）。另外，近年来，我国学者还对江西省（黄小勇，2010）、辽宁省（常丽，2010）、澳门特别行政区（李雁玲，2008）等地的产业结构与就业结构的偏离度进行了大量的实证研究，一般研究结论均表明，我国各地区的产业结构与就业结构存在严重的偏离现象，而这种偏离在第二产业中更为明显，要解决这一问题的根本途径就是促进产业结构升级，提高产业的就业吸纳能力。

3. 产业转移对劳动力质量的影响研究

产业转移将对劳动力质量产生影响。一方面，欠发达的产业承接地的劳动力为了向二、三产业转移会进行一系列的技能培训，劳动力素质有所提高；另一方面，部分高素质的劳动力会向更为发达的产业转出地转移，造成转出地的劳动力素质更高，而欠发达地区的劳动力素质提升困难（邝惠贞，刘力，2011）。

4. 产业转移对劳动力供需的影响研究

我国的劳动力市场正由无限供给阶段向有限剩余阶段转变，产业转移与劳动力成本的上升会改变当前的劳动密集型产业与资本技术密集型产业的竞争关系，同时可能诱发农业部门的技术变革，对劳动力市场的供求状况产生以下重要的影响（刘钧，2011）。

1）就业岗位大量增加。关于产业转移对劳动力供需的影响，我国学者集中于研究就业的增加效应。有学者基于竞争力的视角，指出了产业转移会通过提高承接地的产业竞争力和配套能力，形成经济的集聚效应而使劳动力的需求增加，产生更多的就业机会（魏后凯，2003）。也有学者认为，广东的欠发达地区通过承接发达地区转移的产业促进了城市化与工业化进程的加速，劳动力需求增加，吸纳了部分由农村向第二、第三产业转移的劳动力（刘力，2009）。河源市的实证研究表明，产业转移的推进使河源市的就业人数明显上升，就业岗位也大幅增加（邝惠贞，刘力，2011）；武汉市的研究数据显示，通过招商引资及对国内外转移产业的积极承接为当地劳动力提供了大量的就业岗位，2009 年武汉市的就业人数已经达到了 175.84 万人，与 2005 年相比增加了 27.31 万人（姚莉，罗婷，2012）。

2）对高质量劳动力的需求增加。武汉市的实证研究表明，随着生产集约化程度与工业现代化水平的日益提高，产业结构的升级，武汉市的企业对劳动力的质量也有了更高的要求。产业结构的升级在对当地劳动力的供求产生直接影响的同时，也对劳动力要素的质量提出了更高的需求（陈竹，2007）。劳动力密集型产业的不断转出及产业结构向“三二一”结构的成功转变，使上海市对劳动力素质提出了更高的要求，在受教育程度及技能要求较高的第一劳动力市场中需求大于供给，外来劳动力的替代效应也十分不明显，相反，受教育程度与技能要求较低的第二劳动力市场替代效应明显，并且存在着大量的失业（黄丽鹏，2012）。

3）东西部劳动力供求变化。有学者提出随着东部产业不断向中西部转移及对其经济增长的推动，将使中西部地区的劳动力需求持续扩张，假如东部地区的产业尚未升级而与中西部地区处于一个层次，那么将会引起东部与内陆地区的劳动力需求竞争效应，导致区域劳动力供给短期紧张的局面（易振华，应千凡，2011）。蔡昉、王美艳等（2009）预计，未来我国东部地区的劳动力吸纳规模与速度会逐步趋于稳定，新转出的农村劳动力将会集中向中西部流动，不久之后流向内陆的劳动力数量将会超过流向东部的劳动力数量。

5. 产业转移对劳动力流动的影响

国内外学者的研究表明，产业的转移与结构升级是实现劳动力流动的根本途径（丁小姣，2012）。产业转移过程引起的企业区位空间的再造会在不同程度上推动各地区劳动力的吸收和释放，但是我国劳动力市场存在的体制性分割对劳动力的自由流动产生了限制性影响，间接阻碍了产业的空间转移，因此，需要政府来消除劳动力要素的空间流动壁垒（张辽，杨成林，2013）。珠江三角洲将劳动密集型产业向周边欠发达地区的逐步转移，不仅使珠三角保持了持续的竞争力，而且使周边承接地区的劳动力优势得到充分利用，形成了泛珠三角区的梯级产业分工体系，促进了劳动力在产业中的流动，并且使当地劳动力在产业间的转移模式发生了变化，由原来的异地跨区域转移变为就地转移（彭连清，詹向阳，2007）。

6. *劳动力要素对产业转移的影响研究*

从国内学者的研究中也可以看出劳动力要素会对产业转移产生重要的影响，一方面，丰富的廉价劳动力为我国中西部地区承接劳动密集型产业带来了巨大的优势；另一方面，劳动力素质与单位劳动者的生产效率偏低也给中部地区的产业承接带来了局限和挑战（陶良虎，2010）。劳动力成本是决定我国劳动密集型产业转移的关键因素，而我国的劳动力市场城乡二元分割的结构和农村劳动力无限的供给，使东部地区低技术含量的劳动密集型产业劳动力工资缺乏上涨压力，一直没有失去低成本优势，这导致东部地区的劳动密集产业缺乏向低梯度地区转移的动力，20 年来迟迟未能向内陆转移（李娅，2009）。劳动力对产业转移的影响过程可以分为两个阶段。在第一阶段中，劳动力的流动会阻碍产业转移，首先，中西部地区劳动力向东部地区的流动使其收入增加，且大部分收入流回中西部市场，为当地消费产品制造业提供了发展空间；其次，外出的劳动者在积累了技术、管理等经验之后，多数会选择回乡创业，这两点影响使发达地区产业步入衰退阶段的同时，欠发达地区的相关产业逐步自主发展。而到了第二阶段，劳动力的回流对产业转移产生推动作用。劳动力回流使发达地区劳动力紧缺，而使低端的劳动密集型产业不得不向廉价劳动力所在地迁移（王晓莹，2009）。

第二章　产业承接以来中部地区产业结构的变化

劳动力市场是产品市场的引致市场，劳动需求是产品需求的引致需求，也就是说，当产品市场发生变化时，劳动力市场也会随之变化。那么在研究劳动力市场时，首先必须对产品市场有一个全方位的了解。而当前中部地区产业结构由于产业承接正在发生着剧烈变化，因此，必须先对中部产业结构的变化进行分析，这是研究劳动力市场的基础，也是中部劳动力市场重构的基础。本章数据根据历年《中国统计年鉴》《中国工业经济统计年鉴》《全国农民工就业监测报告》和《2012年中国投入产出表》计算、整理得到。

第一节　中部地区制造业承接明显

中部六省总人口近3.7亿，占全国人口的28%；中部六省的土地面积为102.6万平方千米，占全国领土面积的10.7%；中部六省创造的经济总量占全国GDP的20%左右。改革开放以来，我国沿海地区的经济发展速度较快、质量较高，这其中有地理条件的优势，也有经济政策方面的重要影响。相比较而言，中部六省的经济增长和发展相对比较滞后，但同时也具有较大的市场潜力和后发优势。

尤其是近年来，东部地区产业升级，急需转移制造业。而中部地区市场广阔、产业基础良好、资源丰富，具有良好的产业承接基础。根据2015年各省统计局、中国商情网、中国经济网的资料整理，中部地区的资源禀赋和经济发展现状如表2.1所示。

表2.1　中部地区的资源禀赋和经济发展现状

中部GDP排名	全国GDP排名	省份	GDP（2015）	基本条件和区域经济发展战略（人口统计为2014年）
1	5	河南	约3.7万亿元，增速为8.3%	面积为16.70万平方千米，人口约为9436万。中原城市群、中原经济区、郑州航空港经济综合实验区。中心城市为郑州、洛阳
2	8	湖北	约2.96万亿元，增速为8.9%	面积为18.59万平方千米，人口约为5816万。武汉城市圈、长江中游城市群。中心城市为武汉
3	10	湖南	约2.9万亿元，增速为8.6%	面积为21.18万平方千米，人口约为6737万。长株潭城市圈、长江中游城市群。中心城市为长沙、株洲
4	14	安徽	约2.2万亿元，增速为8.7%	面积为13.97万平方千米，人口约为6083万。皖江城市带、长江中游城市群。中心城市为合肥、芜湖
5	18	江西	约1.67万亿元，增速为9.1%	面积为16.70万平方千米，人口约为4542万。环鄱阳湖城市群、长江中游城市群。中心城市为南昌、九江
6	24	山西	约1.28万亿元，增速为3.1%	面积为15.63万平方千米，人口约为3648万。太原都市圈。中心城市为太原、大同、阳泉

一、东部地区产业转移态势显著

某地区行业总产值全国占比可以反映某地区行业在全国的地位，反映行业在不同地区比例的变化情况。如果某一地区某行业的行业总产值全国占比下降，表示该行业从本地区转出；反之则表示该行业转入本地区。我们用行业总产值全国占比来测度该行业是否转入或者转出。

1. 东部大部分制造业行业呈转出态势

如表 2.2 所示，与 2000 年对比，2006 年东部地区行业总产值全国占比下降的行业有 5 个，下降最快的是食品制造业、饮料制造业和专用设备制造业，这些行业属于劳动密集型行业。与 2006 年对比，2014 年东部地区总产值全国占比下降的行业增加到了 18 个行业，占观测行业的 86%左右，即制造业中的大部分行业比例都呈下降趋势，下降幅度最大的行业是纺织服装、鞋、帽制造业，通信设备、计算机及其他电子设备制造业，饮料制造业，下降幅度高达 20.42%，其次是非金属矿物制品业，金属制品业，农副食品加工业，电气机械及器材制造业。

表 2.2　东部制造业行业总产值全国占比变化情况（%）

行业	2006 年对比 2000 年占比变化	2014 年对比 2006 年占比变化
农副食品加工业	−1.37	−14.57
食品制造业	−8.46	−9.48
饮料制造业	−5.56	−16.12
烟草制品业	7.65	0.65
纺织业	6.66	−10.92
纺织服装、鞋、帽制造业	—	−20.42
造纸及纸制品业	4.09	−11.10
石油加工、炼焦及核燃料加工业	−1.31	3.41
化学原料及化学制品制造业	6.75	−5.39
医药制造业	1.74	−6.50
化学纤维制造业	5.15	2.54
非金属矿物制品业	2.82	−19.37
黑色金属冶炼及压延加工业	6.76	−4.74
有色金属冶炼及压延加工业	4.35	−3.31
金属制品业	1.36	−15.09
通用设备制造业	1.99	−11.37
专用设备制造业	−4.04	−8.79
交通运输设备制造业	5.06	−3.88
电气机械及器材制造业	1.67	−13.11
通信设备、计算机及其他电子设备制造业	7.23	−16.44
仪器仪表及文化、办公用机械制造业	2.38	−9.42

2. 东部转出行业以劳动和资源密集型行业为主

2006～2014 年制造业行业总产值全国占比减少幅度较大的可以理解为转出行业。那么2006～2014年东部转出行业呈现新的特点：一方面，东部依然以劳动密集型和资源密集型产业为主，如纺织服装、鞋、帽制造业，饮料制造业，金属制品业，农副食品加工业等行业；另一方面，一些中高技术型行业也开始转出，如电气机械及器材制造业，通信设备、计算机及其他电子设备制造业，通用设备制造业，专用设备制造业。

二、中部地区成为主要产业承接地

1. 中部制造业行业总产值全国占比上升幅度高于西部和东北地区

从整体上来看，2006～2014年东部86%的制造业行业总产值全国占比在下降，各行业平均下降 8.99 个百分点，而中部 90%、西部 81%的行业总产值全国占比在上升，中部各行业平均上升 6.58 个百分点，西部各行业平均上升 2.24 个百分点，东北上升 0.38 个百分点。东部地区制造业的行业总产值全国占比呈下降趋势，中部、西部、东北制造业的全国占比呈上升趋势，其中中部制造业全国占比上升幅度高于西部和东北地区。我国东部地区制造业向中西部地区转移较为明显，并且主要集中于中部地区。

具体行业情况如表 2.3 和表 2.4 所示，对比 2006 年，2014 年东部地区工业全国占比下降幅度最大的行业是非金属矿物制品业，可以理解为该行业从东部转出，其中中部承接了其中的 59%，西部承接了 26%，东北承接了 15%；东部下降幅度第二大的行业是纺织服装、鞋、帽制造业，中部承接了 72%，西部承接了 18%，东北承接了 10%；东部转出幅度较大的第三大行业是通信设备、计算机及其他电子设备制造业，中部承接了 54%，西部承接了 46%，东部转出幅度第四大行业是饮料制造业，中部承接了 58%，西部承接了 39%，东北承接了 2%；东部转出较大的第五大行业是金属制品业，中部承接了其中的 57%，西部承接了 32%，东北承接了 11%。

表 2.3　各地区行业总产值全国占比变化状况（%）

行业	东部	中部	东北	西部
纺织服装、鞋、帽制造业	−20.42	14.62	3.76	2.04
非金属矿物制品业	−19.37	11.49	2.91	4.97
通信设备、计算机及其他电子设备制造业	−16.44	8.93	−0.26	7.77
饮料制造业	−16.12	9.39	0.38	6.34
金属制品业	−15.09	8.57	1.69	4.83

续表

行业	东部	中部	东北	西部
农副食品加工业	−14.57	9.67	4.09	0.80
电气机械及器材制造业	−13.11	10.70	0.25	2.16
通用设备制造业	−11.37	8.09	0.63	2.63
造纸及纸制品业	−11.10	5.67	1.14	4.28
纺织业	−10.92	9.45	0.22	1.25
食品制造业	−9.48	7.38	0.61	1.48
仪器仪表及文化、办公用机械制造业	−9.42	6.58	1.20	1.64
专用设备制造业	−8.79	9.00	0.64	−0.86
医药制造业	−6.50	5.57	1.95	−1.01
化学原料及化学制品制造业	−5.39	6.05	−1.14	0.48
黑色金属冶炼及压延加工业	−4.74	1.94	−0.57	3.37
交通运输设备制造业	−3.88	3.12	−1.21	1.96
有色金属冶炼及压延加工业	−3.31	6.13	−0.84	−1.99
烟草制品业	0.65	0.38	0.34	−1.35
化学纤维制造业	2.54	−1.93	−2.21	1.60
石油加工、炼焦及核燃料加工业	3.41	−2.58	−5.56	4.73

表 2.4　中部、西部、东北承接东部行业转移比例（%）

行业	中部	西部	东北
非金属矿物制品业	59	26	15
纺织服装、鞋、帽制造业	72	18	10
通信设备、计算机及其他电子设备制造业	54	46	−2
饮料制造业	58	39	2
金属制品业	57	32	11
农副食品加工业	66	5	28
电气机械及器材制造业	82	17	2
造纸及纸制品业	51	39	10
纺织业	87	11	2
通用设备制造业	71	6	23
食品制造业	78	16	6
仪器仪表及文化、办公用机械制造业	70	17	13
专用设备制造业	102	−10	7

续表

行业	中部	西部	东北
医药制造业	86	−16	30
化学原料及化学制品制造业	112	9	−21
黑色金属冶炼及压延加工业	41	71	−12
交通运输设备制造业	80	50	−31
有色金属冶炼及压延加工业	185	−60	−25
烟草制品业	58	−209	52
化学纤维制造业	−76	63	−87
石油加工、炼焦及核燃料加工业	−76	139	−163

2. 中部主要承接劳动密集型行业

如表 2.5 所示，对比 2006 年，2014 年中部制造业行业总产值全国占比排名中，纺织服装、鞋、帽制造业，非金属矿物制品业，电气机械及器材制造业，农副食品加工业，纺织业，饮料制造业等排名比较靠前；另外，专用设备制造业，通信设备、计算机及其他电子设备制造业等装备制造业承接效果较明显，这些行业大多属于劳动密集型行业。

表 2.5　中部行业总产值全国占比变化排序（%）

行业	占比变化
纺织服装、鞋、帽制造业	14.62
非金属矿物制品业	11.49
电气机械及器材制造业	10.70
农副食品加工业	9.67
纺织业	9.45
饮料制造业	9.39
专用设备制造业	9.00
通信设备、计算机及其他电子设备制造业	8.93
金属制品业	8.57
通用设备制造业	8.09
食品制造业	7.38
仪器仪表及文化、办公用机械制造业	6.58
有色金属冶炼及压延加工业	6.13
化学原料及化学制品制造业	6.05
造纸及纸制品业	5.67
医药制造业	5.57

续表

行业	占比变化
交通运输设备制造业	3.12
黑色金属冶炼及压延加工业	1.94
烟草制品业	0.38
化学纤维制造业	−1.93
石油加工、炼焦及核燃料加工业	−2.58

3. 西部地区以资源和劳动密集型产业为主要承接行业

如表 2.6 所示，对比 2006 年，2014 年西部主要承接行业情况：首先，通信设备、计算机及其他电子设备制造业行业总产值全国占比增幅最大，为 7.77%，该行业本身虽然属于技术密集型行业，但由于我国处于该产业链国际分工的低端，因此该行业在我国具有明显的劳动密集型特点；其次，饮料制造业、非金属矿物制品业、金属制品业既属于劳动密集型行业又属于资源密集型行业；再次，石油加工、炼焦及核燃料加工业等行业具有明显的资源密集型特点。

表 2.6　西部行业总产值全国占比变化排序（%）

行业	占比变化
通信设备、计算机及其他电子设备制造业	7.77
饮料制造业	6.34
非金属矿物制品业	4.97
金属制品业	4.83
石油加工、炼焦及核燃料加工业	4.73
造纸及纸制品业	4.28
黑色金属冶炼及压延加工业	3.37
通用设备制造业	2.63
电气机械及器材制造业	2.16
纺织服装、鞋、帽制造业	2.04
交通运输设备制造业	1.96
仪器仪表及文化、办公用机械制造业	1.64
化学纤维制造业	1.60
食品制造业	1.48
纺织业	1.25
农副食品加工业	0.80
化学原料及化学制品制造业	0.48
专用设备制造业	−0.86
医药制造业	−1.01
烟草制品业	−1.35
有色金属冶炼及压延加工业	−1.99

4. 东北地区产业承接以其传统的优势装备制造业为主要阵地

东北地区是我国传统的老工业基地，装备制造业发达，具有较好的承接基础。对比 2006 年，2014 年东北地区的仪器仪表及文化、办公用机械制造业，通用设备制造业，专用设备制造业等装备制造业全国占比增幅较高。另外还有农副食品加工业在承接中表现突出，全国占比增幅高达 4.09%，排名第一（见表 2.7）。非金属矿物制品承接效果也不错，全国占比增幅排名第二，这主要是由于近几年房地产业和建筑业的高速发展，带动了该行业的快速增长，不仅在东北，而且在中部、西部该行业都有不俗的表现。

表 2.7 东北行业总产值全国占比变化排序（%）

行业	占比变化
农副食品加工业	4.09
非金属矿物制品业	2.91
医药制造业	1.95
金属制品业	1.69
仪器仪表及文化、办公用机械制造业	1.20
造纸及纸制品业	1.14
专用设备制造业	0.64
通用设备制造业	0.63
食品制造业	0.61
纺织服装、鞋、帽制造业	0.56
饮料制造业	0.38
烟草制品业	0.34
电气机械及器材制造业	0.25
纺织业	0.22
通信设备、计算机及其他电子设备制造业	−0.26
黑色金属冶炼及压延加工业	−0.57
有色金属冶炼及压延加工业	−0.84
化学原料及化学制品制造业	−1.14
交通运输设备制造业	−1.21
化学纤维制造业	−2.21
石油加工、炼焦及核燃料加工业	−5.56

5. 除山西省外中部其他五省制造业总产值全国占比增幅较大

图 2.1 为对比 2006 年，2014 年中部六省制造业总产值全国占比总增加幅度，行业总产值全国占比增幅最大的为湖南，总增加幅度为 34.59%；湖北仅次于湖南，排名第二；河南排名第三；江西的增幅为 26.31%，排名第四；安徽的增幅为 25.09%，排名第五；最后是山西，增幅为−8.75%，为负数。

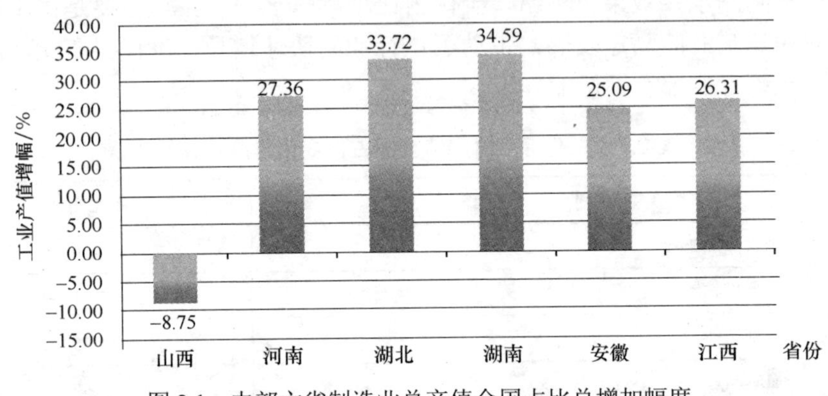

图 2.1　中部六省制造业总产值全国占比总增加幅度

表 2.8 是对比 2006 年，2014 年中部地区各省制造业行业总产值全国占比的变化情况。中部地区纺织服装、鞋、帽制造业的行业总产值全国占比的增幅最大，总体增加了 14.62%，其中河南、湖北、江西全国占比的增幅较大，分别是 3.52%、3.69%、4.32%；中部地区行业总产值全国占比增幅排名第二的是非金属矿物制品业，该行业总体增加了 11.49%，其中湖北、湖南、江西的增幅分别为 3.28%、2.65%、2.23%。全国占比增幅排名第三的是电气机械及器材制造业，中部总计增加了 10.70%，其中河南增加最多，增幅为 3.25%，其次是江西，增幅为 2.67%，湖北的增幅为 2.16%。全国占比增幅排名第四的是农副食品加工业，中部总计增加了 9.67%，其中湖南增加了 4.52%，河南增加了 2.29%，安徽增加了 1.53%。全国占比增幅排名第五的是纺织业，中部总计增加了 9.45%，湖南的增幅最大，为 3.27%，湖北增加了 2.90%，

表 2.8　中部地区各省制造业行业总产值全国占比的变化情况（%）

行业	中部	山西	河南	湖北	湖南	安徽	江西
纺织服装、鞋、帽制造业	14.62	0.01	3.52	3.69	2.37	0.71	4.32
非金属矿物制品业	11.49	−0.31	1.63	3.28	2.65	2.01	2.23
电气机械及器材制造业	10.70	0.11	3.25	2.16	1.47	1.04	2.67
农副食品加工业	9.67	0.06	2.29	−0.08	4.52	1.53	1.36
纺织业	9.45	−0.09	1.20	2.90	3.27	0.50	1.67

续表

行业	中部	山西	河南	湖北	湖南	安徽	江西
饮料制造业	9.39	−0.60	0.74	2.16	4.60	1.95	0.54
专用设备制造业	9.00	−1.67	2.15	1.86	1.79	4.06	0.82
通信设备、计算机及其他电子设备制造业	8.93	0.56	1.51	3.16	0.94	1.68	1.08
金属制品业	8.57	−0.21	1.97	1.95	2.24	1.72	0.91
通用设备制造业	8.09	−0.24	2.42	2.48	0.83	1.72	0.89
食品制造业	7.38	−0.01	0.14	2.52	2.74	0.93	1.08
仪器仪表及文化、办公用机械制造业	6.58	−0.02	1.30	2.14	0.44	1.99	0.73
有色金属冶炼及压延加工业	6.13	−1.58	0.45	1.50	0.01	1.17	4.58
化学原料及化学制品制造业	6.05	−0.75	0.88	0.98	2.15	1.16	1.63
造纸及纸制品业	5.67	−0.11	1.08	0.00	1.76	2.10	0.86
医药制造业	5.57	−0.37	1.46	1.96	0.66	1.03	0.81
交通运输设备制造业	3.12	−0.04	0.04	1.68	0.44	1.04	−0.04
黑色金属冶炼及压延加工业	1.94	−1.33	1.12	1.49	0.76	−0.11	0.02
烟草制品业	0.38	0.05	−0.33	0.06	0.75	−0.30	0.14
化学纤维制造业	−1.93	−0.09	0.35	−2.16	0.39	−0.41	−0.01
石油加工、炼焦及核燃料加工业	−2.58	−2.13	0.20	0.00	−0.21	−0.45	0.02

第二节　中部地区重点承接行业存在的问题

一、承接行业多为劳动密集型行业

中部地区在产业承接中主要承接劳动密集型行业。重点承接的行业有纺织服装、鞋、帽，皮革、羽绒及其制品制造业，非金属矿物制品业，电气机械及器材制造业，纺织业，专用设备制造业，这些行业的劳动报酬占比只有食品和烟草业、非金属矿物制品在50%以下，其他行业均高于50%（见表2.9）。劳动报酬占比较高说明这些行业在生产过程中劳动投入较多，属劳动密集型行业。

表 2.9　全国制造业分行业劳动报酬占比

行业	劳动报酬占比
专用设备	0.78
通用设备	0.56
仪器仪表	0.53
纺织品	0.50
纺织服装、鞋、帽，皮革、羽绒及其制品	0.50
通信设备、计算机和其他电子设备	0.50
电气机械和器材	0.50
食品和烟草	0.46
非金属矿物制品	0.45
造纸印刷和文教体育用品	0.45
金属制品	0.45
金属冶炼和压延加工品	0.42
化学产品	0.32
交通运输设备	0.26
石油、炼焦产品和核燃料加工品	0.09
废品废料	0.03

中部地区之所以重点承接劳动密集型行业，是因为劳动密集型行业是属于中部地区的传统优势行业，有较好的发展基础。例如，非金属矿物制品业、纺织业、食品制造业、饮料制造业都属于河南省的传统优势行业；农副食品加工业、饮料制造业属于湖北省的传统优势行业。中部重点承接这些行业，在劳动力市场中表现为制造业劳动力需求的迅速增加，就业人数随之增加，中部地区制造业就业人数占全国制造业就业人数的比例不断提高。

二、承接行业大多处于初级加工环节

我国制造业的产值在 2011 年超过了美国，成为世界上最大的制造业国家，在世界 500 种主要工业品中，我国有 220 种产品的产量居全世界第一，如生铁、粗钢、水泥、玻璃、彩电、手机等产品。但是这些产品的制造大多是粗放型的，产品加工程度低，附加值低。

从产业附加值率来看，我国制造业附加值率远低于西方各国。如表 2.10 所示，根据《2012 年中国投入产出表》计算出我国制造业附加值率仅为 21.5%，而美国为 49%，日本为 48%，德国为 37%（付保宗，2014）。而中部重点承接行业附加值率尤为低，如表 2.10 所示。除了纺织服装、鞋、帽，皮革、羽绒及其制品业的附加值率为 26%，高于全国制造业平均数外，其余行业均低于制造业的平均值。附加值率最低的行业为纺织品业，仅为 10%；通信设备、计算机及其他电子设备业普遍被认为是高新技术行业，但是其附加值率仅为 11%。

表 2.10　2012 年中部重点承接行业的中间投入率与附加值率

行业	中间投入率	附加值率
纺织品	0.90	0.10
通信设备、计算机和其他电子设备	0.89	0.11
电气机械和器材	0.85	0.15
专用设备	0.83	0.17
食品和烟草	0.82	0.18
非金属矿物制品	0.81	0.19
纺织服装、鞋、帽，皮革、羽绒及其制品	0.74	0.26

1. 中部重点承接行业的技术等服务投入不足

从中间投入来看，中部重点承接的行业过于注重实体产品的生产，而技术创新、研发设计等服务投入不足。为了衡量行业生产中对其他行业的消耗，我们引入了产业依赖度，即在某个行业的生产过程中，某项中间产品的投入系数（又称直接消耗系数）占全部中间产品投入系数的比例（魏作磊，邝彬，2009）。如表 2.11 所示，以食品和烟草业为例，生产 100 单位的食品和烟草产品，需要消耗 25.771 单位的农业，0.357 单位的采矿业，48.732 单位的制造业等。

通过产业依赖度可以看到，中部重点承接行业对物质材料的消耗较大，而对服务业的消耗较小。例如，食品和烟草业对农业、采矿业、制造业等提供物质材料的行业消耗合计为 74.86%；而纺织品业的物质消耗合计为 84.184%；纺织服装、鞋、帽，皮革、羽绒及其制品业为 78.03%；非金属矿物制品业为 77.241%；电气机械和器材业为 79.057%；通信设备、计算机和其他电子设备业为 81.823%。这些行业的物耗比例非常大，均大于 70%。其服务消耗如何呢？

表 2.11　2012 年中部重点承接行业对其他部门的产业依赖度（%）

行业	农业	采矿业	制造业	能源	建筑	传统服务业	现代服务业
食品和烟草	25.771	0.357	48.732	1.749	0.095	7.969	10.984
纺织品	10.421	0.318	73.445	2.893	0.031	6.224	5.022
纺织服装、鞋、帽，皮革、羽绒及其制品	0.592	0.258	77.180	1.226	0.088	7.787	7.212
非金属矿物制品	0.006	16.102	61.133	4.098	1.202	4.760	8.543
专用设备	0.009	0.175	74.120	1.264	0.305	10.205	9.522
电气机械和器材	0.002	0.183	78.872	1.073	0.235	10.371	6.085
通信设备、计算机和其他电子设备	0.001	0.020	81.802	0.795	0.104	11.444	3.872

2. 中部重点承接行业对服务业的消耗远低于对物质部门的消耗

发达国家之所以能占据全球价值链的顶端，最重要的原因在于不断地投入现代服务业所包括的技术、知识和人力资本，使整体产业结构不断向“软化”趋势调整。2006年，美国对服务业的依赖度为34.4%，英国为36.1%，日本为25.7%，美国对生产性服务业的依赖度为14%，英国为22%，日本为11.7%。而我国中部重点承接行业对服务业的依赖度明显较低，均在20%以下，对现代服务业的依赖度只有食品和烟草业超过10%，最低为通信设备、计算机和其他电子设备业，仅为3.872%。

说明这些行业的生产更多的是依靠原材料等物质的投入，而缺少技术知识等服务的投入，在产业链中侧重于加工生产环节，而在品牌设计、技术创新等环节发展不足，所以产业链短，生产处于初级加工阶段。

正是承接行业的这种初级加工特点，造成中部城市劳动力市场虽然制造业劳动力需求增加，但是主要大量增加了对低学历、低技术人员的需求。从而使农民工的劳动力需求大量增加，并且劳动力需求大于劳动力供给，所以在劳动力市场中表现为低学历人员需求大于供给，“民工荒”现象日趋严重。

三、重点承接行业利润逐年下降导致企业生存困难

1. 承接行业产品价格逐年下降

承接而来的行业大多附加值较低，技术含量不高，进入门槛比较低，产品竞争以价格竞争为主。如表2.12所示，中部重点承接行业的产品出厂价格指数基本上呈逐年下降趋势。例如，农副食品加工业的工业品出厂价格指数在2010～2014年分别为105.5、110.6、102.2、101.2、99.1；纺织业的下降幅度最大，2010年为108.5，2014年则为99.4，下降了7.1，电气机械及器材制造业的价格指数2010～2014年下降了4.4。

表2.12 2010～2014年中部重点承接行业的工业品出厂价格指数

行业	2010年	2011年	2012年	2013年	2014年
总体	105.5	106.0	98.3	98.1	98.1
农副食品加工业	105.5	110.6	102.2	101.2	99.1
食品制造业	103.3	106.3	102.2	101.7	102.0
饮料制造业	102.9	104.4	101.9	100.1	100.5
纺织业	108.5	111.1	96.6	99.8	99.4
纺织服装、服饰业	101.7	103.7	102.3	101.1	100.3
皮革、毛皮、羽毛及其制品和制鞋业	101.7	104.5	102.3	102.4	101.8

续表

行业	2010 年	2011 年	2012 年	2013 年	2014 年
非金属矿物制品业	102.1	107.0	98.6	99.0	99.9
通用设备制造业	100.1	102.7	99.8	98.9	99.5
专用设备制造业	101.2	101.5	100.3	100.2	99.8
交通运输设备制造业	100.3	100.4	99.5	99.3	99.5
电气机械及器材制造业	103.2	103.1	97.5	98.4	98.8
通信设备、计算机及其他电子设备制造业	98.3	98.3	97.8	97.3	98.3

2. 产品价格下降和工资成本逐年上升导致行业利润下降

近年来我国农民工工资增长迅速，不仅东部地区增加迅速，而且中西部的增长速度也相当快（见表 2.13），东部地区农民工人均月工资 2014 年比 2008 年增加了 119.38%，中部增加了为 119.65%，中部比东部的增长幅度略高。成本上升，价格下降，利润率不可避免地下降。2010 年农副食品加工业的营业利润率为 0.074，之后逐年下降，2014 年为 0.053，其他中部重点承接行业亦如此，均呈现下降趋势（见表 2.14）。

表 2.13 2008～2014 年我国不同地区的农民工人均年工资（元）

年份	全国	东部	中部	西部
2008	1340	1352	1257	1273
2009	1417	1422	1350	1378
2010	1690	1696	1632	1643
2011	2049	2053	2006	1990
2012	2290	2286	2257	2226
2013	2609	2693	2534	2551
2014	2864	2966	2761	2797

表 2.14 2010～2014 年中部重点承接行业的营业利润率

行业	2010 年	2011 年	2012 年	2013 年	2014 年
总体	0.080	0.076	0.067	0.066	0.061
农副食品加工业	0.074	0.070	0.065	0.060	0.053
食品制造业	0.095	0.092	0.090	0.088	0.084
酒、饮料和精制茶制造业	0.111	0.113	0.119	0.112	0.102
纺织业	0.062	0.062	0.059	0.060	0.056
纺织服装、服饰业	0.071	0.073	0.066	0.065	0.063

续表

行业	2010 年	2011 年	2012 年	2013 年	2014 年
皮革、毛皮、羽毛及其制品和制鞋业	0.082	0.082	0.074	0.072	0.070
非金属矿物制品业	0.093	0.092	0.078	0.076	0.070
专用设备制造业	0.089	0.084	0.074	0.070	0.063
电气机械和器材制造业	0.076	0.069	0.063	0.063	0.062
计算机、通信和其他电子设备制造业	0.053	0.046	0.044	0.046	0.047

这些承接行业不仅利润率呈下降趋势，而且近几年亏损面有扩大趋势，亏损深度有加深趋势。亏损面的增加表示行业中有越来越多的企业陷入亏损。亏损深度是亏损额与利润总额的比率，亏损深度的增加表示该行业亏损越来越严重。根据国家统计局的数据我们可以计算出近年承接行业的亏损面和亏损深度。

从亏损面来看，大部分承接行业亏损面不断扩大（见表 2.15）。例如，农副食品加工业 2010 年的亏损面为 0.064，2014 年增加至 0.080，纺织业 2010 年为 0.086，2014 年为 0.104，非金属矿物制品业 2010 年的亏损面为 0.096，2014 年为 0.105。只有食品制造业，纺织服装、服饰业，皮革、毛皮、羽毛及其制品和制鞋业的亏损面是下降的。

表 2.15　2010～2014 年中部重点承接行业亏损面

行业	2010 年	2011 年	2012 年	2013 年	2014 年
总体	0.100	0.094	0.115	0.113	0.115
农副食品加工业	0.064	0.054	0.064	0.071	0.080
食品制造业	0.105	0.080	0.086	0.078	0.084
酒、饮料和精制茶制造业	0.092	0.086	0.084	0.085	0.092
纺织业	0.086	0.092	0.112	0.100	0.104
纺织服装、服饰业	0.115	0.089	0.110	0.109	0.103
皮革、毛皮、羽毛及其制品和制鞋业	0.081	0.070	0.079	0.083	0.073
非金属矿物制品业	0.096	0.081	0.109	0.103	0.103
专用设备制造业	0.092	0.076	0.102	0.103	0.105
电气机械和器材制造业	0.098	0.102	0.119	0.117	0.115
计算机、通信和其他电子设备制造业	0.157	0.161	0.184	0.172	0.157

从亏损深度来看，承接行业的亏损越来越严重（见表 2.16）。非金属矿物制品业、专用设备制造业、电气机械和器材制造业 3 个行业的亏损深度增幅最大，2010 年 3 个行业的亏损深度分别为 0.031、0.032、0.028，2014 年则分别增加至 0.069、0.119、0.076，说明这 3 个行业的亏损额度越来越大。其他行业的亏损深度也均有不同程度的加深。

表 2.16　2010～2014 年中部重点承接行业的亏损深度

行业	2010 年	2011 年	2012 年	2013 年	2014 年
总体	0.044	0.064	0.092	0.081	0.103
农副食品加工业	0.020	0.025	0.032	0.035	0.064
食品制造业	0.044	0.035	0.034	0.035	0.044
酒、饮料和精制茶制造业	0.050	0.041	0.051	0.041	0.049
纺织业	0.030	0.037	0.053	0.043	0.047
纺织服装、服饰业	0.031	0.025	0.035	0.038	0.037
皮革、毛皮、羽毛及其制品和制鞋业	0.015	0.021	0.022	0.025	0.018
非金属矿物制品业	0.031	0.034	0.067	0.055	0.069
专用设备制造业	0.032	0.041	0.086	0.094	0.119
电气机械和器材制造业	0.028	0.049	0.090	0.083	0.076
计算机、通信和其他电子设备制造业	0.058	0.086	0.095	0.083	0.071

第三节　中部地区服务业发展滞后

一、服务业发展滞后，高学历人员需求不足

第三产业对高学历就业人员的吸纳力较强。从 2014 年我国三次产业就业人员教育程度的结构来看，第一产业的全部就业人员中高学历人员[①]仅占 0.88%；第二产业中高学历人员占 14.6%；而第三产业高学历就业人员的比例明显高于第一、第二产业，高达 38.05%，如表 2.17 所示。

表 2.17　2014 年我国三次产业就业人员教育程度的结构（%）

学历	第一产业	第二产业	第三产业
低学历	99.12	85.40	61.95
高学历	0.88	14.60	38.05

中部第三产业发展滞后。从 2014 年我国不同地区三次产业增加值的比例来看，中部第二产业的增加值占总增加值的比例为 49.84%，不仅高于东部地区，而且高于西部和东北地区，东部、西部、东北第二产业的比例分别为 42.31%、45.70%、47.81%。与此相反，中部地区服务业的发展和其他地区相比却表现为滞后，中部第三产业增加值的比例为 39.57%，和全国其他地区相比是最低的，如表 2.18 所示。

① 我们按照教育程度把劳动力分为低学历人员与高学历人员，其中低学历是指初中以下和高中，高学历是指大专以上学历。

表 2.18　2014 年我国不同地区三次产业增加值的比例（%）

地区	第一产业	第二产业	第三产业
东部	6.85	42.31	50.84
中部	10.59	49.84	39.57
西部	11.85	45.70	42.45
东北	11.39	47.81	40.81

第三产业对高学历人员的吸纳力高于第二产业，但是中部地区的第三产业发展缓慢，进而对高学历人员的就业吸纳力较弱。

二、服务业内部结构优化缓慢

服务业内部行业较为复杂，为了便于分析，我们将服务业分为四类：第一类为分配性服务业，主要包括交通运输、仓储、通信和批发零售业等；第二类为生产性服务业，主要包括金融、房地产、商业服务、科学研究等；第三类为社会性服务业，包括教育、卫生、社会工作，水利环境和公共设施管理业等；第四类是个人服务业，包括住宿和餐饮业、文化体育和娱乐业、居民服务和其他服务业。

第三产业中生产性服务业与社会性服务业对高学历人员的吸纳力较强。如表 2.19 所示，2014 年我国不同服务业就业人员的教育程度构成中，分配性服务业的高学历就业人员占该服务业全部就业人员的 23.13%；个人服务业的高学历就业人员所占比例为 22.21%。生产性服务业和社会服务业对高学历人员的吸纳力远高于以上两行业，高学历人员的就业比例分别为 49.94%、56.91%。

表 2.19　2014 年我国分类服务业就业人员教育程度结构（%）

学历	分配性服务业	生产性服务业	社会性服务业	个人服务业
低学历	76.87	50.06	43.09	77.79
高学历	23.13	49.94	56.91	22.21

中部地区的生产性服务业发展缓慢。生产性服务业囊括了价值链两端最丰厚的区域：研发和市场生产性服务业技术含量高，包括研发新产品、新工艺等，发展生产性服务业对我国产业升级至关重要。但是中部地区的生产性服务业发展缓慢。如表 2.20、表 2.21 所示，2005 年，生产性服务业就业人员占全部就业人员的比例为 7%，2014 年为 8%，仅上升 1%，低于全国平均水平，甚至低于西部与东北地区。和发达国家相比，中部地区生产服务业的就业比例显得更低，美国、英国、加拿大等国家，一般在 16%以上。

社会性服务业的就业比例下降。随着经济的发展，人们越来越重视健康，社会对人力资本的要求也越来越高，要求教育和医疗等社会服务业快速增长，以满足人们的需求。但是我国社会服务业仍属于短缺行业，看病难、上学难、养老难等问题严峻。特别是中部地区社会服务业就业人员的比例有下降趋势，2005 年为 36%，2014 年下降至 28%（见表 2.20、表 2.21）。

表 2.20　2005 年我国不同地区服务业分类就业人员的比例

地区	生产性服务业	社会性服务业
全国	0.08	0.31
东部	0.11	0.29
中部	0.07	0.36
西部	0.08	0.37
东北	0.07	0.28

表 2.21　2014 年我国不同地区服务业分类就业人员的比例

地区	生产性服务业	社会性服务业
全国	0.10	0.24
东部	0.11	0.18
中部	0.08	0.28
西部	0.10	0.33
东北	0.10	0.28

第三章　中部地区劳动力市场的新特征

随着我国经济的发展、教育的普及，劳动力市场也随之发生明显的变化。为了分析劳动力市场的供求情况，选取中部六省的省会城市①作为代表，根据各城市发布的每季度人力资源市场职业供求状况分析报告，收集整理相应的数据。

第一节　中部地区劳动力市场供求总体变化的特征

中部地区一直以劳动力资源丰富为主要特征，在21世纪初期劳动力市场一般表现为供大于求，求职人数大于需求人数，求人倍率②一般小于1。但是近年不少城市劳动力市场的求人倍率开始表现出不同程度的上升，有些城市求人倍率远大于1，说明中部劳动力市场开始由原来的供大于求转向供不应求转型。

一、劳动力市场普遍出现供不应求的局面

从求人倍率来看，中部几大城市大都表现为不同程度的上升。劳动力市场普遍出现供不应求的局面。

郑州市、武汉市、萍乡市近年供不应求现象严重，出现招工难问题。如表3.1～表3.3所示，2005年、2006年、2007年郑州市的求人倍率分别为0.53、0.56、0.52，即劳动力市场上求职人数基本上是需求人数的一倍，严重的供大于求。但是随后几年求人倍率逐年增加，2011年、2012年、2013年、2014年都是大于1，并且在2014年达到1.83，即需求人数是求职人数的1.83倍，出现严重的招工难问题。同样，武汉市供不应求问题严重。2002～2004年武汉市劳动力市场求人倍率小于1，即求职人数大于需求人数。但是2007年开始劳动力市场出现逆转，求人倍率开始上升，2010～2014年基本上在1.30左右徘徊，求职人数小于需求人数。萍乡市2010年求人倍率开始上升。2010～2014年在1.49左右，即需求人数是求职人数的1.5倍左右，用人单位在劳动力市场招工困难。

① 江西省因为南昌市的数据缺失严重，所以用萍乡市代替。

② 求人倍率＝需求人数/求职人数，求人倍率小于1时，表示劳动力市场供给大于需求；求人倍率大于1时，表示劳动力市场供给小于需求。

表 3.1 郑州市历年劳动力市场的供求情况①

年份	需求人数/人	求职人数/人	求人倍率
2002	36 671	41 830	0.90
2003	30 398	38 901	0.72
2004	36 639	59 978	0.61
2005	46 188	88 852	0.53
2006	51 245	67 021	0.56
2007	46 156	88 164	0.52
2008	60 321	90 012	0.68
2009	80 537	102 958	0.78
2010	101 129	112 426	0.90
2011	79 141	51 350	1.59
2012	86 420	62 155	1.39
2013	128 024	88 703	1.41
2014	110 341	64 377	1.83

表 3.2 武汉市历年劳动力市场的供求情况②

年份	需求人数/人	求职人数/人	求人倍率
2002	53 749	77 590	0.69
2003	59 509	71 614	0.83
2004	68 084	77 848	0.87
2005	65 111	64 735	1.01
2006	67 481	69 148	0.99
2007	78 040	70 511	1.11
2008	85 431	73 015	1.16
2010	100 962	77 426	1.31
2011	72 613	56 473	1.29
2012	107 308	80 861	1.30
2013	69 559	55 683	1.32
2014	61 005	44 463	1.36

表 3.3 萍乡市历年劳动力市场的供求情况

年份	需求人数/人	求职人数/人	求人倍率
2002	11 668	13 667	0.87
2004	12 523	10 748	1.15

① 本章数据在没有特殊表明的情况下，均来自各城市发布的每季度人力资源市场职业供求状况分析报告。

② 本书因个别数据来源统计缺失，故部分年度数据未列出。

续表

年份	需求人数/人	求职人数/人	求人倍率
2005	17 326	15 731	0.98
2006	26 231	27 088	0.96
2007	26 309	22 652	1.18
2008	14 217	20 481	0.69
2009	22 830	31 299	0.75
2010	32 207	23 511	1.49
2011	32 025	21 719	1.47
2012	39 637	25 857	1.52
2013	39 245	26 552	1.46
2014	36 828	24 706	1.49

长沙市、合肥市、太原市的求人倍率不断上升。如表 3.4～表 3.6 所示，这 3 个城市不像郑州市、武汉市出现严重的招工难问题，但是其求人倍率近年也表现为不断地上升。长沙市 2002 年的求人倍率为 0.43，求职人数远大于需求人数，劳动力市场存在普遍就业难问题，2009 年后开始上涨，2014 年则上升到 1.09，求人倍率开始大于 1。2003～2006 年，合肥市的求人倍率基本上在 0.6 左右徘徊，2010 年开始大于 1，近年也一直保持在 1 左右。2002 年、2003 年，太原市年的求人倍率较低，2011～2014 年一直在 0.98 左右。

表 3.4　长沙市历年劳动力市场的供求情况

年份	需求人数/人	求职人数/人	求人倍率
2002	20 117	47 812	0.43
2003	24 197	53 230	0.45
2004	43 980	66 663	0.88
2006	43 079	46 897	0.92
2007	38 410	40 317	0.95
2008	42 169	46 241	0.92
2009	68 586	63 708	1.10
2010	88 054	72 959	1.21
2011	97 424	92 767	1.09
2012	85 784	80 598	1.06
2013	102 477	94 023	1.09
2014	141 153	131 916	1.09

表 3.5 合肥市历年劳动力市场的供求情况

年份	需求人数/人	求职人数/人	求人倍率
2002	7 895	10 428	0.82
2003	7 137	13 704	0.55
2004	8 614	15 675	0.60
2005	9 267	15 810	0.63
2006	11 997	20 528	0.58
2007	41 500	55 755	0.73
2008	27 594	36 987	0.75
2009	37 401	39 916	0.98
2010	44 795	42 536	1.03
2011	65 661	61 418	1.09
2012	44 329	45 178	0.98
2013	37 631	38 440	0.99
2014	42 682	40 612	1.03

表 3.6 太原市历年劳动力市场的供求情况

年份	需求人数/人	求职人数/人	求人倍率
2002	4 347	5 872	0.75
2003	4 215	6 543	0.65
2004	5 848	6 364	0.92
2005	11 030	10 731	1.08
2006	12 291	12 756	0.96
2007	11 990	13 215	0.91
2008	25 953	27 116	0.95
2009	24 349	29 940	0.84
2010	19 148	20 564	0.94
2011	25 267	25 659	0.98
2012	25 380	26 295	0.98
2013	20 268	19 875	1.02
2014	18 204	19 832	0.91

二、劳动力市场的劳动力需求增加迅速

求人倍率的上升一方面是由于劳动力需求的增加造成的，另一方面是由于劳动力供给引起的。中部地区一向都是劳务输出大的地区，为何连年出现招工难问题，是劳动力需求增加引起的，还是劳动力供给减少引起的？

中部地区劳动力市场的供不应求主要是劳动力需求增加造成的。如图 3.1～图 3.5 所示，在 2010 年之前，郑州市的求职人数高于需求人数，而之后需求人数开始迅速上升，超过了求职人数。武汉市的劳动力需求则是在 2005 年之后开始超过劳动力供

给，此后劳动力需求增幅一直高于劳动供给。萍乡市在 2010 年之后由于劳动力需求的快速增长，并远高于劳动力供给的增长速度，表现为劳动力需求大于劳动力供给。

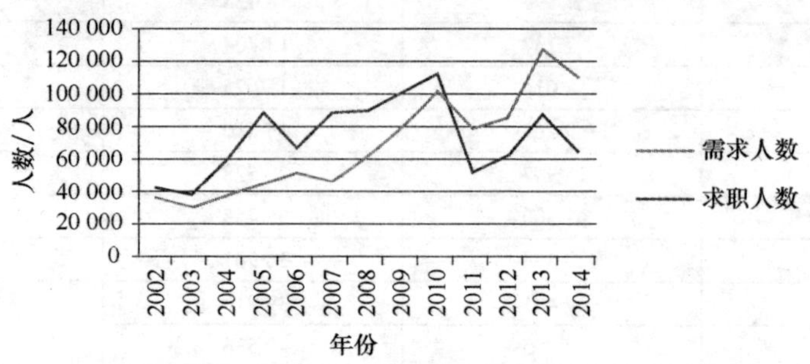

图 3.1　郑州市劳动力市场的供求变化

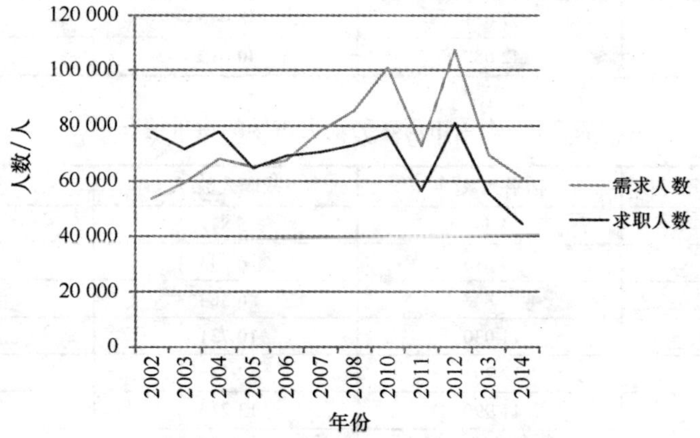

图 3.2　武汉市劳动力市场的供求变化

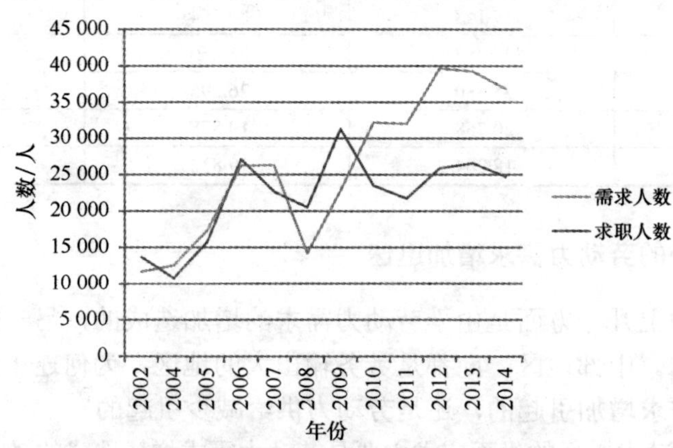

图 3.3　萍乡市劳动力市场的供求变化

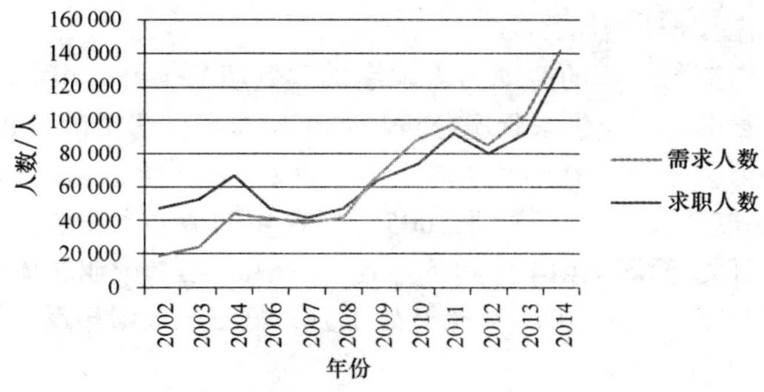

图 3.4　长沙市劳动力市场的供求变化

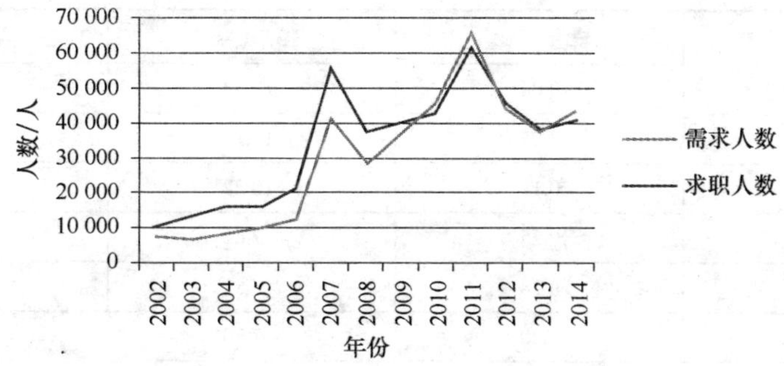

图 3.5　合肥市劳动力市场的供求变化

在 2004 年之前，长沙市劳动力市场的劳动力供给大于劳动力需求，之后二者同时上升，2008 年后劳动力需求开始大于劳动力供给，二者虽然都保持较高的增长速度，但是劳动力需求增速高于劳动力供给，所以近年长沙市的求人倍率大于 1。

在 2009 年之前，合肥市的求职人数大于需求人数，2009 年之后需求人数开始和求职人数持平。

由此可见中部地区劳动力市场普遍存在求人倍率上升、供不应求的现象，而这种现象主要是劳动力需求增加造成的，即劳动力需求的迅速上涨导致劳动力市场供不应求。从以下各城市劳动力市场供求变化中，可以清楚地看到各地的需求人数表现为明显的上升趋势，并超过求职人数。

第二节　中部地区劳动力市场三次产业劳动力需求结构变化的特征

中部劳动力需求增加迅速，那么从产业层次来看三次产业的劳动力需求是如何变化的？下面具体来看不同城市三次产业的劳动力需求的变化。

一、第二产业劳动力需求上升明显

由于中部大量承接东部转移出的劳动密集型产业，导致中部劳动力市场第二产业的劳动力需求迅速增加。

郑州市近年第二产业的劳动力需求增加比例明显上升。根据各城市发布的每季度人力资源市场职业供求状况分析报告可以看出，郑州市 2005～2009 年第二产业的劳动力需求比例在 7%左右徘徊，2010 年开始上升，2014 年上升至 26.65%，上升幅度明显。而第三产业 2005～2009 年的劳动力需求比例保持在 92%左右，2013 年开始下降，2014 年则下降到 71.36%。第二产业总体上呈先降后升的趋势，2005 年下降之后 2010 年又开始上升。第三产业则相反，是先升后降的态势，如表 3.7 所示。

表 3.7　历年郑州市三次产业的劳动力需求比例的变化（%）

年份	第一产业	第二产业	第三产业
2002	0.04	12.32	87.63
2003	0.05	17.17	82.78
2004	0.11	10.22	89.67
2005	0.25	7.62	92.13
2006	0.28	7.89	91.83
2007	0.20	7.80	92.00
2008	0.22	7.40	92.38
2009	0.28	7.35	92.37
2010	0.13	9.63	90.24
2011	0.26	8.57	91.17
2012	0.16	4.14	95.70
2013	0.40	10.99	88.61
2014	1.99	26.65	71.36

武汉市第二产业的劳动力需求比例近年同样出现上升趋势，而第三产业的劳动需求比例则呈下降趋势。如表 3.8 所示，武汉市第二产业 2002 年的劳动需求比例为 20.6%，2007 年为 28.84%，2014 年则上升至 35.07%，呈平稳上升态势。第三产业的劳动力需求比例则由 2002 年的 77.20%下降到了 63.87%。

表 3.8　历年武汉市三次产业的劳动力需求比例的变化（%）

年份	第一产业	第二产业	第三产业
2002	2.19	20.60	77.20
2003	2.64	18.48	78.88
2004	1.99	26.54	71.47
2005	1.56	27.33	71.11

续表

年份	第一产业	第二产业	第三产业
2006	2.63	23.33	74.04
2007	1.82	28.84	69.35
2008	3.28	31.18	65.55
2011	1.95	29.52	68.53
2012	1.52	26.85	71.63
2013	1.15	30.14	68.71
2014	1.06	35.07	63.87

萍乡市第二产业的劳动力需求比例在 2013 年、2014 年上升明显。如表 3.9 所示，2009～2012 年第二产业的劳动力需求比例较低，2014 年上升至 51.64%；与此相反，第三产业的劳动力需求比例在 2013 年、2014 年却下降至 45%左右。

表 3.9　历年萍乡市三次产业劳动力需求比例的变化（%）

年份	第一产业	第二产业	第三产业
2002	3.19	48.03	48.79
2004	2.89	43.95	53.16
2005	3.18	31.86	64.96
2006	3.56	42.07	54.38
2007	2.16	45.44	52.40
2008	5.92	41.29	52.79
2009	7.34	33.91	58.75
2010	8.20	36.08	55.71
2011	5.96	39.98	54.06
2012	5.65	40.95	53.40
2013	3.33	51.67	45.00
2014	3.16	51.64	45.20

太原市第二产业的劳动力需求比例快速上升。如表 3.10 所示，太原市第二产业的劳动力需求比例在 2010 年开始快速上升，由 11.09%上升至了 2014 年的 24.12%。第三产业的劳动力需求比例则由 2010 年开始下降，由 82.33%下降到 2014 年的 71.21%。太原市第二产业劳动力需求比例的上升较郑州市、武汉市更为鲜明。

表 3.10　历年太原市三次产业的劳动力需求比例的变化（%）

年份	第一产业	第二产业	第三产业
2002	2.18	8.06	89.76
2003	3.52	8.26	88.23

续表

年份	第一产业	第二产业	第三产业
2004	10.29	19.47	70.24
2005	3.40	5.32	91.28
2006	1.87	3.22	94.92
2007	3.58	8.12	88.30
2008	0.73	9.27	89.99
2009	5.95	2.34	91.71
2010	6.58	11.09	82.33
2011	1.44	11.66	86.90
2012	1.92	25.48	72.60
2013	2.35	24.76	72.89
2014	4.67	24.12	71.21

合肥市三次产业的劳动力需求变化阶段性较强。2002～2003 年合肥市的第二产业劳动力需求比例基本上在 22%以下；2004～2007 年第二产业的比例保持在 23%～30%；2010～2014 年基本上在 45%～56%，呈逐步上升趋势。而第三产业的劳动力需求比例则呈逐渐下降趋势，由 2002 年的 72.51%下降到了 2014 年的 50.65%（见表 3.11）。

表 3.11 历年合肥市三次产业的劳动力需求比例的变化（%）

年份	第一产业	第二产业	第三产业
2002	5.50	21.99	72.51
2003	2.69	15.41	81.90
2004	2.44	23.33	74.23
2005	1.89	25.16	72.96
2006	1.40	26.10	72.50
2007	1.06	27.30	71.64
2008	0.89	35.03	64.08
2009	0.40	40.64	58.96
2010	0.64	51.18	48.19
2011	0.36	55.23	44.40
2012	0.97	45.92	53.11
2013	0.55	50.95	48.50
2014	0.95	48.41	50.65

长沙市第二产业和第三产业的劳动力需求变化不大。和其他城市相比，长沙市的第二产业劳动力需求比例本来就比较高，2002 年占 39.65%，而且近年来变化不大，一直在 30%左右徘徊（见表 3.12），可见长沙市第二产业和其他城市相比，发展较为领先。

表 3.12　历年长沙市三次产业劳动力需求比例的变化（%）

年份	第一产业	第二产业	第三产业
2002	2.34	39.65	58.01
2003	3.49	32.56	63.95
2004	4.22	33.82	61.96
2006	4.92	30.67	64.41
2007	4.88	31.35	63.77
2008	3.28	32.98	63.74
2009	2.18	30.96	66.86
2010	1.73	37.26	61.01
2011	1.32	34.75	63.93
2012	1.10	31.75	67.15
2013	1.28	30.28	68.44
2014	1.24	30.12	68.64

随着东部产业向内地的转移，中部地区的产业结构随之发生了比较明显的变化，在劳动力市场上表现为第二产业的劳动力需求比例不断上升，这主要是由于第二产业包含的制造业的劳动力需求不断上升。结合第二章的分析，中部地区在这次产业承接中，是主要的产业承接地，东部转移的制造业多数转移至中部地区，并且转移的多为劳动密集型行业，由此在中部劳动力市场中就表现出劳动力需求骤增的局面。

二、服务业内部劳动力需求发展不平衡

对制造业的积极承接，导致中部地区制造业劳动力需求的快速增加，那么服务业会发生什么样的变化呢？下面着重来看中部城市劳动力市场的服务业劳动力需求变化的特征。

中部地区劳动力市场中分配性服务业和个人服务业的劳动力需求比例较高。在服务业内部分配性服务业主要包括交通运输、仓储、通信，批发和零售业等，个人服务业主要包括住宿和餐饮业、文化体育和娱乐业、居民服务和其他服务业。这两类服务业大多属于传统服务业，对高学历人员的需求较低，主要吸纳低学历人员。而生产性服务业包括金融、房地产、商业服务、科学研究等，社会性服务业包括教育、卫生、社会工作，水利环境和公共设施管理业等，这两大类行业多属于新兴服务业，主要吸纳高学历人员。

从相对数来看，萍乡市分配性服务业和个人服务业的劳动力需求所占比例较高，并且近年有上升趋势。如表 3.13 所示，2014 年分配性服务业的劳动力需求占全部服务业的劳动需求比例为 57.56%，个人服务业的比例为 31.67%，远高于生产性服务业、社会性服务业。分配性服务业中批发零售业占比较大，而个人服务

业中住宿餐饮业占比最大，二者均为传统服务业。纵向来看，分配性服务业和个人服务业所占的比例有增加趋势，2014 年二者的比例高于 2002 年，而生产性服务业的比例有下降趋势，社会性服务业略有上升，但是不明显。

表 3.13　历年萍乡市不同服务行业的劳动力需求比例的变化情况（%）

年份	分配性服务业	生产性服务业	社会性服务业	个人服务业
2002	52.71	16.54	0.29	30.46
2004	59.77	13.67	1.32	25.24
2005	44.23	28.05	1.81	25.91
2006	60.32	14.29	0.72	24.67
2007	61.62	10.84	0.87	26.68
2008	55.83	15.89	2.94	25.34
2009	60.92	13.57	3.16	22.36
2010	55.73	8.63	2.44	33.20
2011	50.68	11.62	3.51	34.19
2012	53.49	11.73	3.37	31.41
2013	59.38	7.54	3.47	29.61
2014	57.56	7.54	3.24	31.67

合肥市分配性服务业和个人服务业在相对数上远高于生产性服务业和社会性服务业。

2014 年合肥市的分配性服务业和个人服务业的劳动力需求占服务业劳动力需求比例的 90%以上。纵向来看，分配性服务在 2002～2008 年有下降趋势，但是在 2009～2014 年开始呈上升趋势。个人服务业的劳动力需求比例则明显表现为上升趋势，由 2002 年的 5.10%上升至 2014 年的 35.51%。具体行业是交通运输、仓储、通信，批发和零售业，住宿和餐饮业，居民服务和其他服务业的劳动力需求比例较大。生产性服务业和社会性服务业的劳动力需求比例自 2002 年以来一直到 2014 年均表现为下降趋势（见表 3.14）。

表 3.14　历年合肥市不同服务行业的劳动力需求比例的变化情况（%）

年份	分配性服务业	生产性服务业	社会性服务业	个人服务业
2002	67.32	16.87	10.71	5.10
2003	80.94	11.20	5.28	2.57
2004	83.75	13.37	2.09	0.79
2005	61.16	14.63	3.00	21.22
2006	38.20	13.11	3.86	44.83
2007	50.37	9.30	4.47	35.86

续表

年份	分配性服务业	生产性服务业	社会性服务业	个人服务业
2008	24.71	13.92	7.71	53.66
2009	49.28	7.66	5.16	37.90
2010	42.64	6.80	4.41	46.15
2011	53.33	3.61	3.39	39.66
2012	48.34	9.20	3.23	39.23
2013	54.03	8.09	3.95	33.94
2014	55.37	7.15	1.97	35.51

长沙市分配性服务业和个人服务业的劳动力需求比例同样远高于生产性和社会服务业。如表 3.15 所示，从纵向变动趋势来看，分配性服务业的劳动力需求比例在 2006～2008 年有下降趋势，2009 年开始上升，2010～2014 年一直保持稳定，需求比例维持在 43%左右。个人服务业的劳动力需求从 2002 年开始至 2014 年一直保持总体平稳增长趋势，2002 年为 10.29%，2014 年则为 44.37%。而生产性服务业发展不稳定，总体来讲，近年较 2002 年相比其比例是下降的。社会性服务业的劳动力需求比例最低，2012 年仅为 0.14%，并且近年来不断地下降，2002 年为 6.43%，2014 年则为 1.80%。

表 3.15　历年长沙市不同服务行业的劳动力需求比例的变化情况（%）

年份	分配性服务业	生产性服务业	社会性服务业	个人服务业
2002	67.49	15.79	6.43	10.29
2003	68.80	10.76	4.50	15.95
2004	63.18	10.67	4.35	21.80
2006	34.83	15.88	0.13	49.16
2007	35.29	15.87	0.11	48.73
2008	37.25	14.16	0.16	48.42
2009	45.90	8.77	0.13	45.20
2010	44.09	6.25	0.10	49.56
2011	43.19	9.72	0.14	46.94
2012	42.26	11.18	0.14	46.41
2013	43.57	9.71	1.93	44.79
2014	42.73	11.10	1.80	44.37

武汉市分配性服务业和个人服务业的劳动力需求比例大。根据表 3.16，2014 年分配性服务业和个人服务业合计在 82%左右。但是分配性服务业从纵向来看是呈下降趋势的，而个人服务业呈明显上升趋势，且上升幅度较大，由 2002 年的 23.31%上升至 2013 年的 53.92%。2014 年生产性服务业的劳动力需求比例不到

16%，其中社会服务业比重最低为 2.78%。从纵向变化趋势来看，二者均表现为下降趋势，生产性服务业由 2002 年的 22.94%，下降至 2014 年的 15.16%，社会性服务业则由 2002 年的 8.93%下降到 2014 年的 2.78%。

表 3.16 历年武汉市不同服务行业的劳动力需求比例的变化情况（%）

年份	分配性服务业	生产性服务业	社会性服务业	个人服务业
2002	44.83	22.94	8.93	23.31
2003	54.53	19.97	9.35	16.15
2004	55.10	19.78	5.11	20.02
2005	51.18	13.45	6.55	28.82
2006	38.96	15.66	3.28	42.10
2007	37.54	17.40	2.07	42.98
2008	45.78	12.48	4.15	37.59
2011	37.38	16.62	4.98	41.02
2012	35.60	16.91	2.50	45.00
2013	30.79	11.57	3.71	53.92
2014	28.84	15.16	2.78	53.21

太原市同其他城市一样，分配性服务业和个人服务业的劳动力需求比例较大。如表 3.17 所示，2014 年分配性服务业和个人服务业的劳动力需求比例合计为 74.93%，而生产性服务业和社会性服务业为 25.07%，前者远高于后者。从变化趋势来看，太原市的个人服务业呈稳定上升趋势，而分配性服务业则呈下降趋势。生产性服务业近年发展不太稳定，总体上表现为上升趋势，但是从劳动力需求占比来看，还需进一步发展。社会性服务业的劳动力需求所占的比例依然很小。

表 3.17 历年太原市不同服务行业的劳动力需求比例的变化情况（%）

年份	分配性服务业	生产性服务业	社会性服务业	个人服务业
2002	72.47	3.55	4.01	19.96
2003	76.32	3.61	6.67	13.40
2004	54.36	5.75	4.96	34.93
2005	52.88	12.82	4.70	29.60
2006	49.85	13.70	4.38	32.07
2007	37.14	13.46	1.96	47.45
2008	48.12	11.13	2.98	37.77
2010	59.12	10.45	0.55	29.87
2011	53.70	8.51	1.14	36.65
2012	47.30	10.39	1.02	41.30
2013	43.72	9.17	9.11	38.00
2014	30.86	18.13	6.94	44.07

郑州市和其他城市相比，服务业内部结构呈优化趋势。如表 3.18 所示，首先，分配性服务业的发展不稳定，2006～2010 年表现为下降，2011 年之后开始回升，

这主要是交通运输、仓储、通信和批发和零售业的劳动力需求比例在增加。其次，个人服务业下降明显，2004 年为 41.52%，2014 年为 15.44%，其中住宿和餐饮业、居民服务和其他服务业在下降。再次，生产性服务业的劳动力需求增长迅速，2004 年为 10.22%，2014 年则为 40.05%，其增加主要是由于金融业、房地产业、租赁和商务服务业 3 个行业的快速发展。最后，社会性服务业的劳动力需求比例下降明显，2006 年为 26.27%，2014 年为 3.39%，它包含的教育、卫生、社会保障社会福利业，公共管理与社会组织均呈明显的下降趋势。

表 3.18 历年郑州市不同服务行业的劳动力需求比例的变化情况（%）

年份	分配性服务业	生产性服务业	社会性服务业	个人服务业
2004	44.43	10.22	3.82	41.52
2005	39.94	15.76	12.30	32.00
2006	26.23	19.43	26.27	28.07
2007	22.76	19.61	26.06	31.57
2008	24.36	19.79	25.45	30.40
2009	28.74	20.08	24.39	26.79
2010	26.93	19.86	20.47	32.73
2011	30.12	21.06	18.40	30.42
2012	36.41	21.70	16.07	25.81
2013	48.68	28.58	8.44	14.30
2014	41.12	40.05	3.39	15.44

总之，中部地区近年的劳动力需求产业结构和行业结构发生了很大变化。首先，第二产业主要是制造业劳动力需求增加迅速，这主要是由于近年我国中部地区大量承接了东部转移而来的制造业。其次，中部地区服务业的劳动力需求比例表现为下降趋势。再次，中部地区服务业的内部结构发展不平衡。大部分城市的分配性服务业和个人服务业的劳动力需求是服务业劳动力需求的主体，其比例多在 70%以上，个别城市在 90%以上，这些服务业以传统服务业如交通运输、仓储、通信，批发和零售业，住宿和餐饮业，居民服务和其他服务业为主，主要吸收低学历人员。而代表新兴服务业的生产性服务社会服务业的劳动力需求比例却比较低，特别是社会服务业的劳动力需求比例基本上在 5%左右，并且呈下降趋势。而这两个行业主要吸纳高学历人员。

第三节 中部地区劳动力市场不同教育程度人员供求的特征

一、劳动力供给教育结构优化转型

我们按照教育程度把劳动力分为低学历与高学历人员，其中低学历是指高中和初中以下，高学历是指大专以上学历。

1. 低学历人员供给逐步减少

低学历人员供给在劳动力市场中的比例不断下降。劳动力资源丰富一直是我国的基本国情之一，特别是低学历人员基本上是无限供给。但是近年来，我国低学历人员供给开始呈现下降态势，甚至中部劳务输出大省也开始呈现低学历人员供给下降的趋势。

郑州市、合肥市、长沙市低学历人员的供给人数占全部劳动力供给的比例逐步下降。如表 3.19 所示，以郑州为例：2002 年、2003 年的比例分别是 0.76、0.80，以后各年逐步下降，2007 年为 0.58，2012 年为 0.36，2013 年、2014 年稍有回升，但是总体上是下降的。合肥市低学历人员供给比例的变动和郑州市基本一致，也是逐步下降的。而长沙市低学历人员的比重和其他城市相比比较小，其他城市基本上都是高于 0.5，而长沙市 2002 年低学历人员的供给比例仅为 0.21，随着近年来的不断下降，2014 年低学历人员的比例仅为 0.08。

表 3.19　中部地区城市低学历人员供给的比例

年份	郑州	太原	合肥	长沙	武汉	萍乡
2002	0.76	0.75	0.82	0.21	0.61	0.83
2003	0.80	0.77	0.75	0.17	0.55	—
2004	0.73	0.64	0.76	0.18	0.64	0.77
2005	0.73	0.59	0.76	—	0.60	0.72
2006	0.62	0.73	0.67	0.15	0.57	0.72
2007	0.58	0.72	0.63	0.14	0.70	0.69
2008	0.52	0.76	0.67	0.12	0.55	0.73
2009	0.55	0.81	0.62	0.08	—	0.68
2010	0.48	0.92	0.84	0.08	—	0.83
2011	0.46	0.93	0.80	0.08	—	0.74
2012	0.36	0.88	0.61	0.08	0.56	0.70
2013	0.46	0.74	0.63	0.08	0.69	0.73
2014	0.57	0.67	0.67	0.08	0.68	0.68

太原市近年有小幅度上升，而后依然呈下降趋势。除了 2010～2012 年的比例增加明显外，2013 年、2014 年又呈下降趋势，即低学历人员的比例总体趋势是有 3 年的短期上扬，而后又呈下降趋势。

萍乡市初中以下学历人员的比例下降幅度明显。从数据上看，萍乡市的低学历人员的供给比例变化不明显，但是初中以下学历人员的供给比例下降明显，2002 年为 0.36，2014 年则下降为 0.19（见表 3.20）。

表 3.20　萍乡市历年初中以下学历人员的供给比例的变化

年份	2002	2004	2006	2008	2009	2010	2013	2014
初中以下学历人员	0.36	0.39	0.34	0.34	0.21	0.2	0.17	0.19

2. 高学历人员的供给比例逐年上升

高学历求职人员的比例逐年上升。随着劳动力整体受教育程度不断提高，劳动力素质低下不再是我国劳动力的主要特征。通过计算中部各城市大专以上求职人数占全部求职人数的比例（见表 3.21、表 3.22），可以看出各城市的高学历人员的供给比例总体呈上升趋势。

表 3.21　中部地区城市高学历人员的供给比例

年份	郑州	太原	合肥	长沙	武汉	萍乡
2002	0.24	0.25	0.18	0.35	0.39	0.17
2003	0.20	0.23	0.25	0.32	0.45	—
2004	0.27	0.36	0.24	0.32	0.36	0.23
2005	0.27	0.41	0.24	—	0.40	0.28
2006	0.38	0.27	0.33	0.35	0.43	0.28
2007	0.42	0.28	0.37	0.36	0.30	0.31
2008	0.48	0.24	0.33	0.40	0.45	0.27
2009	0.45	0.19	0.38	0.46	—	0.32
2010	0.52	0.08	0.16	0.48	—	0.17
2011	0.54	0.07	0.20	0.50	—	0.26
2012	0.64	0.12	0.39	0.51	0.44	0.30
2013	0.54	0.26	0.37	0.48	0.31	0.27
2014	0.43	0.33	0.33	0.48	0.32	0.32

表 3.22　武汉市本科学历人员供给比例的变化

年份	本科学历人员的供给比例
2002	0.13
2003	0.14
2004	0.10
2005	0.12
2006	0.10
2007	0.09
2008	0.09
2010	0.12
2012	0.15
2013	0.15
2014	0.16

郑州、合肥、长沙、萍乡市高学历人员的供给比例逐年上升。郑州市 2002 年高学历人员的供给比例为 0.24，经过十几年的增长，2014 年则为 0.43；合肥市 2002 年为 0.18，2014 年增加至 0.33；长沙市高学历人员的供给比例高于中部其他各城市，并且逐年稳定上升，2014 年为 0.48。

太原市近年高学历人员供给有下降，但随后又明显上升。在 2009～2012 年高学历人员的供给比例有所下降，但是 2013 年、2014 年开始上升。

武汉市本科学历人员供给增加明显。从高学历总体求职人数的比例来看，武汉市上涨不明显，但是只看本科学历求职人数的比例，2002 年的比例为 0.13，2007 年、2008 年有下降，但是 2013 年、2014 年为 0.15、0.16，上涨明显。

那么总体来看，我国劳动力供给结构在近年发生了很大变化。低学历求职人员的比例逐年下降，高学历求职人员的比例不断上升。劳动力市场求职人员原来以低学历为主，现在一些城市高学历求职人员的数量甚至高于低学历求职人员的数量。2002 年郑州、合肥、太原、萍乡的低学历求职人员的比例大都在 0.75 以上，到 2014 年则都下降到 0.70 以下。郑州、长沙两城市的高学历求职人员的比例在近年超过了低学历，其他 4 个城市的高学历人员供给比例也都上升明显，在 2014 年基本上都超过了 0.30。

二、劳动力需求教育结构转型滞后

随着经济文化的发展，高等教育的普及，劳动力素质会不断提高，劳动力供给结构会优化转型。相应的产业结构也会由于经济发展、人们收入的提高、消费的升级而得到优化，产业结构优化，劳动力需求也会相应提高，即对高学历人员的需求会越来越大，对低学历人员的需求会越来越少。产业结构升级，而劳动力素质没有得到相应的提高，或者劳动力素质提高了，而产业结构调整缓慢，都会导致产品市场与劳动力市场的不一致，以及结构性失业。

我国劳动力供给结构发生根本性的转变，高学历求职人员的比例不断增加，低学历求职人员的比例逐年下降，那么相应的需求人数是如何变化的呢？需求与供给的变化方向、变化幅度是否一致？

1. 近年低学历劳动力需求增加迅速

从求人倍率来看，中部几大城市的低学历求人倍率呈逐渐上升趋势，并且除了太原外其他城市均大于 1。求人倍率大于 1 并且逐年上升，表明低学历劳动力需求不断大于供给，需求缺口越来越大，这种现象是劳动力需求增加造成的还是供给减少造成的呢？下面具体来看每个城市的具体情况，如表 3.23 所示。

表 3.23　低学历求人倍率的变化

年份	郑州	太原	合肥	长沙	武汉	萍乡
2002	0.93	0.92	0.54	0.41	0.71	0.97
2003	0.83	0.80	0.37	0.45	0.74	—
2004	0.62	1.51	0.40	0.62	0.82	1.23
2005	0.55	1.74	0.45	—	0.97	1.15
2006	0.60	1.27	0.60	0.94	0.99	1.07
2007	0.59	1.21	0.86	0.99	1.00	1.40
2008	0.79	1.20	0.84	0.98	1.03	0.65
2009	0.72	0.87	2.78	1.11	—	0.79
2010	1.06	0.98	1.09	1.24	—	1.37
2011	2.06	1.00	1.07	1.10	—	1.54
2012	2.54	0.97	1.15	1.10	1.39	1.67
2013	2.16	1.08	1.06	1.10	1.49	1.35
2014	1.64	0.96	1.43	1.06	1.44	1.55

郑州市的低学历人员由供大于求明显转变为供不应求。郑州市的低学历求人倍率，总体上来看，2003～2009 年供给都是大于需求的，求人倍率平均水平小于 1。但是 2010 年后低学历的需求人数增幅较大，需求超过了供给，求人倍率均大于 1，2011 年、2012 年、2013 年高于 2，需求远大于供给。

郑州市劳动力市场的供不应求主要是劳动力需求增加造成的。如图 3.6 和表 3.24 所示，郑州市劳动力市场在 2010 年之前供给远大于需求，特别是低学历人员在劳动力市场中找工作很难，但是 2011 年开始由于劳动力需求的大幅度增加，劳动力市场出现了招工难、“民工荒”现象。

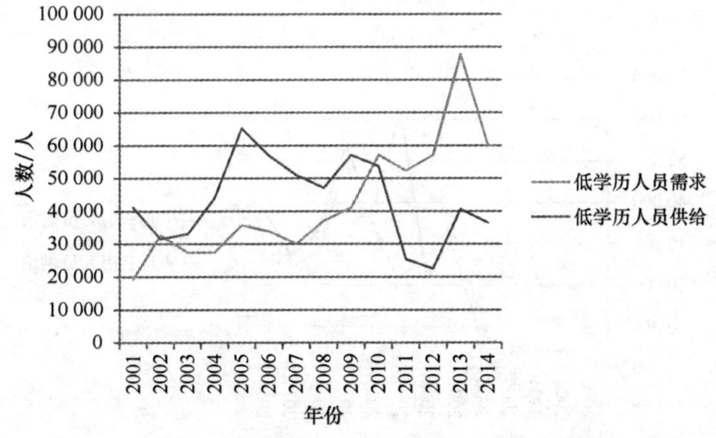

图 3.6　郑州市低学历人员需求与供给的变化

表 3.24 郑州市低学历人员需求与供给的变化（人）

年份	低学历人员需求	低学历人员供给
2001	19 341	41 170
2002	32 594	31 532
2003	27 366	33 073
2004	27 426	44 083
2005	35 796	65 151
2006	33 953	57 001
2007	29 947	50 999
2008	37 164	47 181
2009	41 075	57 096
2010	57 173	53 742
2011	52 334	25 348
2012	57 063	22 493
2013	87 839	40 680
2014	60 011	36 510

合肥市的低学历求人倍率近年来有逐步增加的趋势。2002～2008 年合肥市的求人倍率大都低于 0.8。从绝对数来看，在这期间低学历求职人数大于需求人数，虽然和郑州市相比，合肥市的供大于求的现象不那么严重，但 2008 年开始供给与需求都在增加，需求的增幅大于供给，所以求人倍率开始增长，2009～2014 年求人倍率明显高于前一阶段，如图 3.7 和表 3.25 所示。

与郑州市相比，合肥市低学历就业人员面临的劳动力市场变化较为稳定，供给与需求是同时增加的，但是需求的增加比例快于供给，所以求人倍率表现为上升。

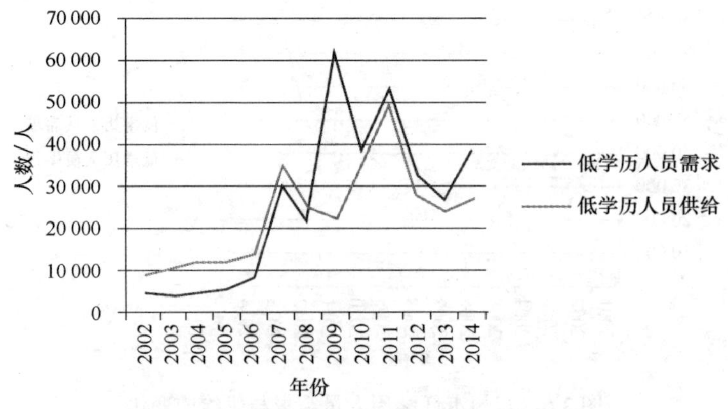

图 3.7 合肥市低学历人员需求与供给的变化

表 3.25　合肥市低学历人员的变化（人）

年份	低学历人员需求	低学历人员供给
2002	4 603	8 479
2003	3 744	10 230
2004	4 786	11 913
2005	5 433	12 071
2006	8 218	13 661
2007	30 227	34 970
2008	20 934	24 810
2009	61 547	22 102
2010	38 782	35 559
2011	52 764	49 329
2012	31 494	27 460
2013	25 692	24 152
2014	38 964	27 285

长沙市低学历的需求人数上升明显。长沙市劳动力市场中低学历的需求人数自 2009 年后，以较快的速度增长，并且劳动力需求上升的速度高于劳动力供给的速度，所以低学历求人倍率近年不断增加，并且大于 1，表现为需求大于供给，出现企业招工难现象。长沙市劳动力市场中，初中以下学历劳动力需求在 2002～2009 年小于劳动力供给，即求人倍率小于 1，但是从 2009 以来年由于初中以下学历的劳动力需求的增加，求人倍率有增加的趋势，供大于求的局面有所缓解，如图 3.8 和表 3.26 所示。

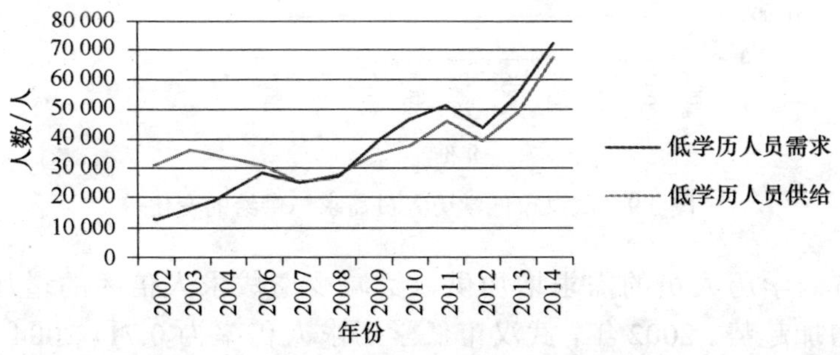

图 3.8　长沙市低学历人员需求与供给的变化

表 3.26　长沙市低学历人员需求与供给的变化（人）

年份	低学历人员需求	低学历人员供给
2002	12 672	31 236
2003	16 233	36 420
2004	21 422	34 331
2006	28 723	30 414
2007	25 477	25 766
2008	27 374	27 822
2009	38 410	34 538
2010	47 033	37 822
2011	50 953	46 259
2012	43 654	39 590
2013	54 332	49 464
2014	71 967	68 010

武汉市总体上低学历求人倍率在增加。从数据上来看（见表 3.27 和图 3.9），低学历人员的需求虽然波动比较大，但是总体来看，需求不断增加。2002 年低学历需求人数为 37 400 人，2014 年为 46 122 人；同时供给总体上有下降趋势，2002 年低学历供给为 52 382 人，2014 年则减少到 31 940 人。

图 3.9　武汉市低学历人员需求与供给的变化

武汉市低学历人员的需求增加供、给减少造成求人倍率的增加，所以求人倍率呈增加趋势。2002 年，武汉市低学历求人倍率为 0.71，2004 年为 0.82，2007 年为 1，之后上升幅度较快，2012 年、2013 年、2014 年为 1.39、1.49、1.44，高于 2002 年。

表 3.27　武汉市低学历人员需求与供给的变化（人）

年份	低学历人员需求	低学历人员供给
2002	37 400	52 382
2003	29 361	39 455
2004	40 824	49 733
2005	37 909	39 063
2006	38 724	39 254
2007	49 644	49 571
2008	46 598	45 405
2012	42 972	30 956
2013	57 569	38 530
2014	46 122	31 940

萍乡市低学历劳动力需求增加明显。如表 3.28 和图 3.10 所示，萍乡市劳动力市场中低学历劳动力需求远大于劳动力供给，需求缺口不断加大。2010 年后萍乡市低学历劳动力需求明显增加，求职人数反而减少，所以求人倍率表现为大于 1，表明低学历需求人数大于供给，市场上出现劳动力不足。

表 3.28　萍乡市低学历人员需求与供给的变化（人）

年份	低学历人员需求	低学历人员供给
2001	6 623	8 805
2002	12 024	12 420
2004	10 436	8 483
2005	13 485	11 756
2006	20 767	19 408
2007	22 067	15 776
2008	9 648	14 918
2009	16 040	20 378
2010	26 712	19 479
2011	26 449	17 173
2012	30 934	18 488
2013	29 412	21 753
2014	27 494	17 686

萍乡市低学历劳动力需求增加幅度较大，而劳动力供给变化不大。所以可以判断出萍乡市低学历劳动力市场的供不应求主要是劳动力需求增加造成的。

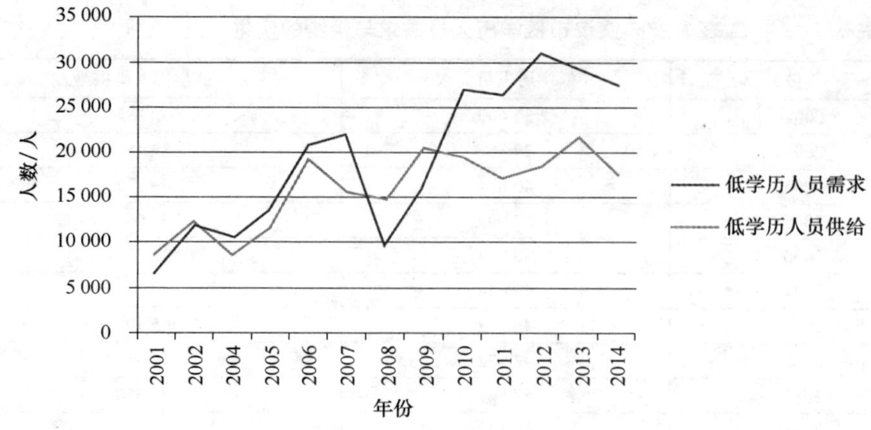

图 3.10　萍乡市低学历人员需求与供给的变化

通过分析可以看出低学历人员的供不应求主要是由于劳动力需求快速增加。劳动力需求的快速增加造成求人倍率的增加，大部分城市的求人倍率大于 1，并且呈上升趋势，即低学历人员的需求大于供给，进而出现“民工荒”、招工难现象。

2. 高学历劳动力需求增速缓慢，高学历求人倍率普遍低于低学历求人倍率

总体上来看，如表 3.29 所示，高学历求人倍率近年有上升的趋势。高学历求人倍率普遍低于低学历求人倍率，其中郑州市、太原市 2 个城市的求人倍率小于 1，即对高学历人员的供给大于需求。

表 3.29　中部地区不同城市高学历人员求人倍率的变化

年份	郑州	太原	合肥	长沙	武汉	萍乡
2002	0.42	0.19	1.71	0.45	0.75	0.43
2003	0.36	0.13	0.95	0.47	0.94	—
2004	0.58	0.13	1.02	0.74	0.97	0.83
2005	0.44	0.15	1.69	—	1.01	0.75
2006	0.49	0.12	0.55	0.87	0.96	0.90
2007	0.44	0.10	0.56	0.89	1.36	0.52
2008	0.54	0.20	0.55	0.80	1.03	0.82
2009	0.81	0.19	0.68	1.03	—	0.59
2010	0.75	0.34	0.86	1.17	—	1.36
2011	0.99	0.77	1.07	1.00	—	1.14
2012	0.74	0.93	0.72	1.03	1.14	1.18
2013	0.84	0.83	0.84	1.10	1.29	1.54
2014	0.84	0.84	0.79	1.08	1.19	1.32

郑州市高学历人员的供大于求。如图 3.11 所示，郑州市高学历求人倍率在近年变化不大。低学历求人倍率在 2010 年以来经历了快速上升阶段，远高于高学历的求人倍率。高学历求人倍率近年一直是低于 1 的，即供给大于需求。

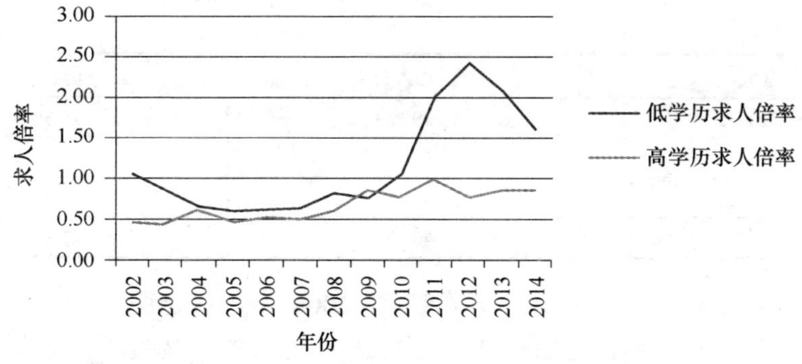

图 3.11　郑州市不同学历人员的求人倍率

从绝对数来看，郑州市高学历人员的需求增幅低于供给增幅。如图 3.12 和表 3.30 所示，高学历人员的供给一直高于需求，特别是 2006 年、2007 年、2008 年两者差距有加大的趋势，之后差距有所缩小，但是 2013 年、2014 年差距又开始加大。

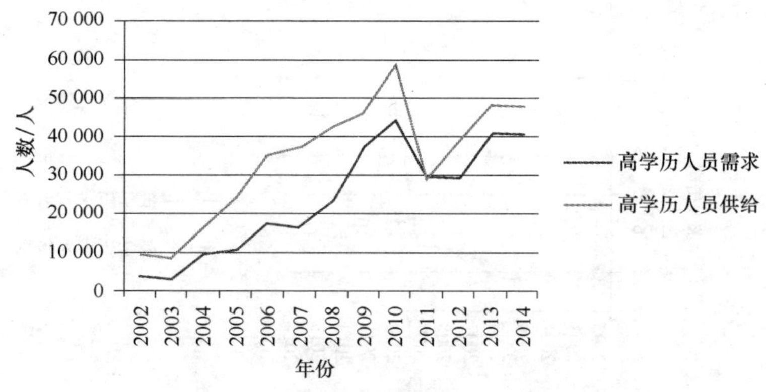

图 3.12　郑州市高学历人员供求的变化

表 3.30　郑州市高学历人员供求的变化（人）

年份	高学历人员需求	高学历人员供给
2002	4 078	9 798
2003	3 059	8 517
2004	9 212	15 902
2005	10 396	23 700
2006	17 292	35 095
2007	16 208	37 165
2008	23 158	42 831
2009	37 226	45 863
2010	43 956	58 684

续表

年份	高学历人员需求	高学历人员供给
2011	29 233	29 604
2012	29 357	39 662
2013	40 185	48 023
2014	40 330	47 867

合肥市的高学历求人倍率有下降趋势。2006 年之前合肥市的高学历求人倍率高于低学历求人倍率，之后由于低学历人员需求的大幅度增加，低学历求人倍率开始大幅度上升，而高学历求人倍率却有下降趋势。导致其下降原因是什么呢？

从供给与需求的总数来看，高学历人员供给除了 2010 年外，其他各年份上升幅度较大，而高学历人员需求虽然也表现为上升，但是上升幅度低于供给。例如，2012 年、2013 年、2014 年高学历人员的供给分别为 17 718 人、14 276 人、13 328 人，而需求分别是 12 835 人、11 939 人、10 530 人，需求是小于供给的，如图 3.13 和图 3.14、表 3.31 所示。

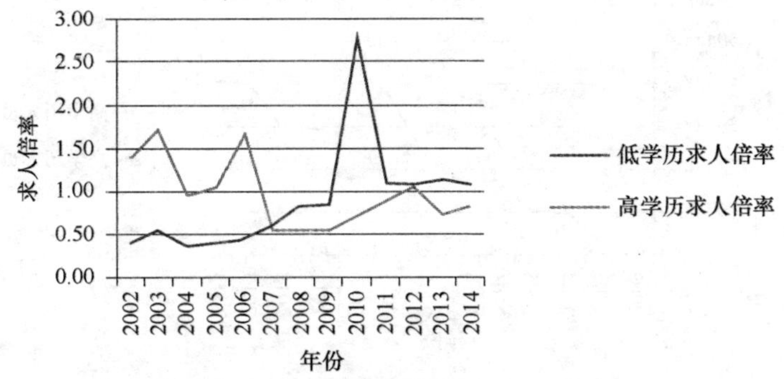

图 3.13　合肥市高学历与低学历求人倍率的变化

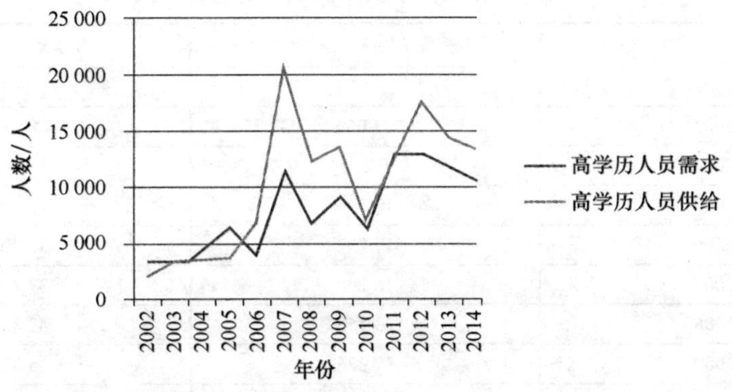

图 3.14　合肥市高学历人员供求的变化

表 3.31　合肥市高学历人员供求的变化（人）

年份	高学历人员需求	高学历人员供给
2002	3 284	1 918
2003	3 306	3 474
2004	3 828	3 762
2005	6 334	3 739
2006	3 779	6 867
2007	11 723	20 786
2008	6 661	12 177
2009	9 187	13 557
2010	6 013	6 977
2011	12 897	12 089
2012	12 835	17 718
2013	11 939	14 276
2014	10 530	13 328

太原市高学历人员供给始终大于需求。如图 3.15、图 3.16、表 3.32 所示，从求人倍率来看，太原市的高学历求人倍率低于低学历求人倍率。尽管高学历求人倍率在 2008 年逐年上升，但是依然低于 1，低于低学历人员。

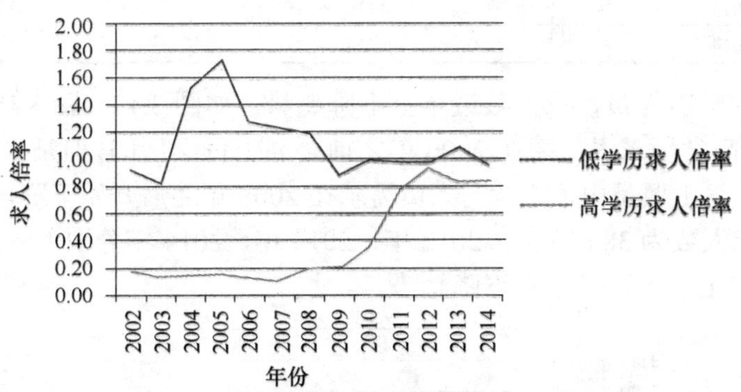

图 3.15　太原市高学历与低学历求人倍率的变化

从总量上来看，太原市高学历人员的需求 2001～2011 年增长缓慢。2011 年之前高学历人员需求增长较慢，2002 年为 273 人，2009 年为 1236 人，但供给人数却快速增长，已经由 2002 年的 1463 人，增加到 2009 年的 6365 人，供给快速增加，需求增加缓慢，需求缺口非常大。

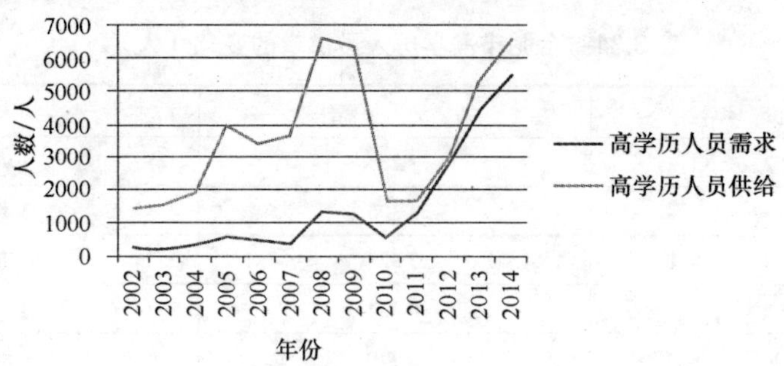

图 3.16　太原市高学历人员供求的变化

表 3.32　太原市高学历人员供求的变化（人）

年份	高学历人员需求	高学历人员供给
2002	273	1463
2003	189	1508
2004	257	1981
2005	581	3981
2006	404	3381
2007	365	3639
2008	1311	6637
2009	1236	6365
2010	557	1646
2011	1285	1672
2012	2812	3031
2013	4426	5314
2014	5528	6587

武汉市高学历人员需求人数近年呈下降趋势。如图 3.17、图 3.18、表 3.33 所示，武汉市的高学历求人倍率在 2006 年之前是高于低学历的，但是之后开始走低，低于低学历。这主要是由于高学历人员需求在 2008 年之后开始下降，2008 年武汉市高学历需求人数为 38 833 人，2012 年、2013 年、2014 年分别下降为 27 545 人、22 169 人、18 115 人，呈逐年下降趋势。

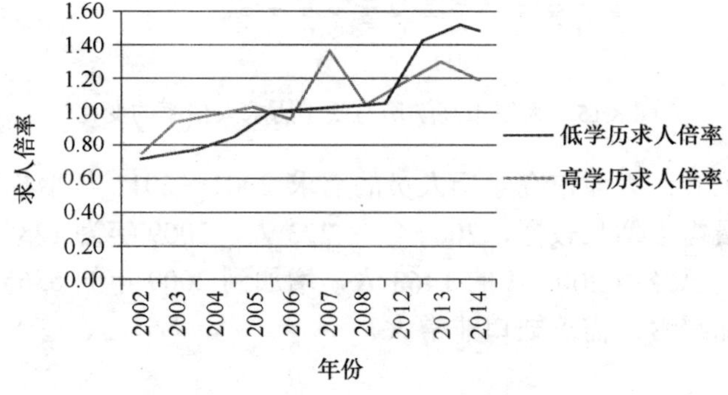

图 3.17　武汉市不同学历的求人倍率

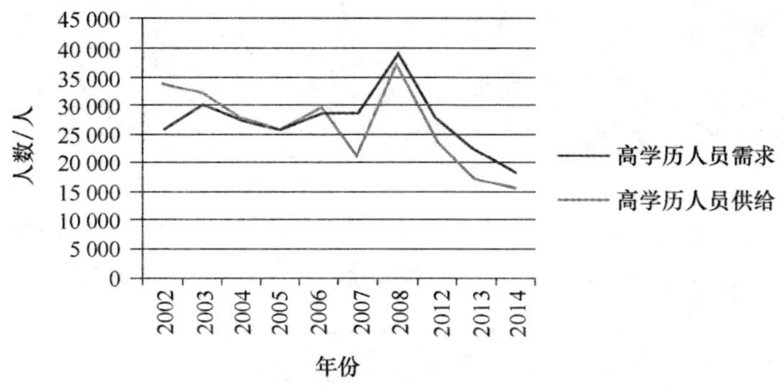

图 3.18　武汉市高学历人员供求的变化

表 3.33　武汉市高学历人员供求的变化（人）

年份	高学历人员需求	高学历人员供给
2002	25 377	33 924
2003	30 149	32 159
2004	27 260	28 115
2005	26 002	25 681
2006	28 757	29 894
2007	28 396	20 940
2008	38 833	37 608
2012	27 545	24 069
2013	22 169	17 154
2014	18 115	15 225

萍乡市高学历人员需求增速缓慢。如图 3.19 和图 3.20 所示，从求人倍率来看，萍乡市高学历人员需求基本上也是低于低学历人员需求的，特别是 2010～2013 年间，差别较大。从需求总数变化情况来看，我们更能看出高学历人员需求人数的变化特点，从 2008 年开始萍乡市的低学历人员需求人数上涨较快，由 9648 人上升至 2014 年的 27 494 人，上升了近 2 倍；而高学历人员需求人数由 2008 年的 4569 人，仅上升至 2014 年的 6495 人，上升不到 1 倍。

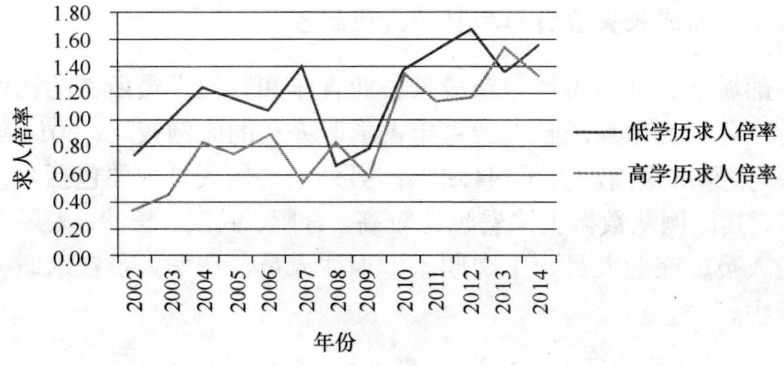

图 3.19　萍乡市不同学历的求人倍率

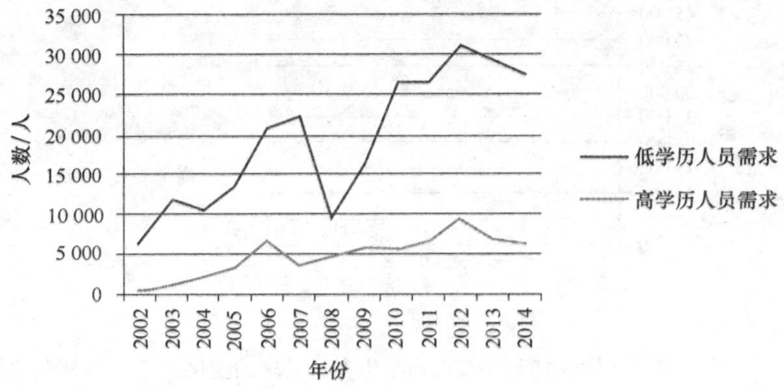

图 3.20　萍乡市高学历和低学历人员供求的变化

由此，劳动力市场发生了以下变化：①我国劳动力市场供给结构发生了变化，高学历劳动力供给的比例逐年增加，低学历劳动力供给呈下降态势；②低学历劳动力需求在近年来上升迅速；③高学历劳动力需求增长缓慢，不仅低于低学历劳动力需求，而且低于劳动力供给的增长速度。

劳动力市场供给结构的高级化，是我国经济、教育事业的发展造成的，但近年来劳动力需求结构没有随之得到提升，使得劳动力需求结构与劳动力供给结构相吻合，表现出明显的滞后性，反而低学历劳动力需求在近年快速增长，其原因何在？劳动力需求结构是由产业结构决定的，即产业结构升级滞后。

第四节　中部地区劳动力市场不同求职人员类型变化的特征

求职人员可以分为新成长失业青年（包含应届高校毕业生）、就业转失业人员、其他失业人员、在业人员、下岗职工、离退休人员、在学人员、其他人员（又可分为本市农村人员和外埠人员）。

一、求职人员以新成长失业青年和其他人员居多

近年中部城市劳动力市场中新成长失业青年和其他人员所占的比例较大。如表 3.34 所示，各大城市新成长失业青年占求职人员的比例较高，2014 年郑州市占了 32.95%，太原市最高，占了 41.62%；另外，其他人员主要包括本市农村人员和外埠人员，其比例从数据上来看也比较高，合肥、武汉、长沙、太原占了近 1/3。而其他失业人员、在业人员、下岗职工、退休人员、在学人员在求职人员中所占的比例比较小。

表 3.34　2014 年各城市不同求职人员的比例（%）

求职人员的类型	郑州	合肥	武汉	长沙	太原	萍乡
新成长失业青年	32.95	23.38	16.49	29.14	41.62	26.27
应届高校毕业生	13.82	8.15	4.29	12.15	8.41	13.56
就业转失业人员	50.88	5.35	15.73	6.64	9.57	12.41
其他失业人员	0.17	3.23	16.78	3.28	7.51	14.92
在业人员	0.04	10.69	8.16	9.38	2.05	1.56
下岗职工	2.39	0.00	5.91	3.00	3.95	9.48
退休人员	0.03	0.00	1.18	0.05	0.91	0.22
在学人员	0.10	9.89	4.16	10.73	4.18	5.49
其他人员	13.44	39.32	27.28	25.62	21.80	16.09
本市农村人员	4.53	28.79	21.60	13.21	8.81	12.69
外埠人员	8.91	10.53	5.68	12.41	12.99	3.40

二、应届高校毕业生求职人数逐年增加

2015 年大学生毕业大军达 749 万人，比被称为史上“最难就业季”的 2014 年又增加了 22 万人。毕业人数再创历史新高，就业形势越来越严峻。那么在劳动力市场中应届高校毕业生的表现如何呢？

应届高校毕业生占劳动力市场中所有求职人数的比例逐年增加。如表 3.35 所示，郑州市 2005 年应届高校毕业生的比例为 14.52%，以后逐年增加，2013 年达到了 37.30%，占求职人数的 1/3，可见郑州市大学生就业问题异常严重。合肥市的应届高校毕业生占比由 2005 年的 8.56%，上升至 2011 年的 17.16%，之后稍有下降。长沙市的应届高校毕业生占比上升明显，由 2005 年的 5.18%，增加到 2014 年的 12.15%；太原市 2005 年为 9.39%，2013 年为 15.41%；萍乡市 2005 年为 3.05%，2014 年为 13.56%。

可以看出，中部各大城市应届高校毕业生占求职人数的比例越来越高。这一方面是由于我国近年来教育事业的长足发展，获得高等教育的人越来越多；另一方面，由于中部地区产业结构调整的滞后，导致劳动力需求调整滞后，从而使得大学生就业难问题愈加严重。

表 3.35　中部各城市应届高校毕业生求职人数占比（%）

年份	郑州	合肥	武汉	长沙	太原	萍乡
2005	14.52	8.56	6.04	5.81	9.39	3.05
2006	21.22	9.40	7.11	5.52	5.77	11.60
2007	19.42	7.63	4.98	5.77	4.05	15.17

续表

年份	郑州	合肥	武汉	长沙	太原	萍乡
2008	21.24	6.87	6.20	6.76	0.80	13.11
2009	23.61	10.53	—	7.34	5.65	6.68
2010	28.79	10.12	—	7.70	8.36	5.18
2011	31.03	17.16	—	8.43	9.19	5.69
2012	37.27	11.88	7.56	11.07	13.75	9.40
2013	37.30	10.49	7.11	12.15	15.41	10.56
2014	13.82	8.15	4.29	12.15	8.41	13.56

三、就业转失业人员不断减少

中部地区各城市就业转失业人员不断减少。一方面，郑州、合肥、萍乡 3 个城市 2002 年就业转失业人数的比例基本上在 40%左右，就是说这些城市劳动力市场中的求职人数近一半是就业之后又失业的人员。之后 2005 年就业转失业人员开始减少，一直到 2014 年，郑州市由 2002 年的 39.03%下降至 2013 年的 15.47%，合肥市的下降幅度最大，下降了近 40 个百分点，萍乡市下降了近 30 个百分点。

另一方面，长沙市、太原市两个城市 2002 年就业转失业人员虽然占比不太高，但是在近年也表现为下降趋势。2002 年长沙市就业转失业人数占比为 9.02%，2014 年则为 6.64%，太原市 2014 年较 2002 年的比例下降了近 10 个百分点（见表 3.36）。

表 3.36　中部各城市就业转失业人员求职人数占比（%）

年份	郑州	合肥	武汉	长沙	太原	萍乡
2002	39.03	44.18	13.57	9.02	19.16	41.32
2003	45.22	45.80	18.00	15.68	18.63	—
2004	38.81	43.92	14.97	19.24	7.19	36.75
2005	25.58	23.76	12.23	—	4.75	24.85
2006	19.94	17.42	9.69	14.01	1.99	21.86
2007	17.91	10.01	9.38	14.46	1.37	23.71
2008	13.68	9.92	6.07	12.83	1.39	15.35
2009	13.49	4.93	—	13.14	4.27	25.58
2010	12.65	6.57	—	9.00	10.61	7.36
2011	12.92	4.85	—	7.84	9.01	11.04
2012	21.34	4.20	14.89	7.55	11.49	8.73
2013	15.47	6.21	13.67	7.13	11.84	13.10
2014	20.88	5.35	15.73	6.64	9.57	12.41

就业转失业人员求职人数占比的下降，一方面说明中部地区产业结构逐渐稳定。2002 年前后我国处于产业结构调整频繁期，众多传统产业，如纺织业、煤炭、机械冶金和林业等行业。由于技术改造投入不足，所生产的产品档次低，不能满足人们的需求，特别是国有企业。在这一时期国家不像以前那样不断投入，促进企业的技术设备更新，而它自身也由于体制、历史等众多原因，致使其技术没有得到及时的升级换代，使得国有企业生产的产品不能满足人们的需求，在逐渐失去市场的同时也失去了生存的能力，企业没有能力雇佣劳动力，这种情况就使就业转失业人员增加。而近年我国产业结构逐渐趋于稳定，由于产业结构变动而引起的失业人员不断减少，即就业转失业人员也随之减少。

另一方面，我国劳动力市场逐步完善，企业员工流动趋缓。我国 20 世纪 90 年代才真正建立起劳动力市场，随后劳动力市场各种制度不断完善，如社会保障制度、工资制度、劳动合同制度等，这些制度的完善有利于建立和谐的劳资关系，促进企业员工队伍的稳定，从而减少就业转失业人员。

四、外埠人员求职人数先升后降

外埠求职人员主要是指外地务工人员，流动性较强，郑州、合肥、长沙、萍乡、武汉从总体来看呈先上后下的态势。如表 3.37 所示，郑州市 2007～2009 年间外埠人员的比例明显增加，基本上在 20%徘徊，2010 年后开始下降，2014 年下降至 8.91%。合肥市 2010 年开始上升，2012 年开始呈下降趋势。武汉市则表现为 2007 年上升，而 2012 年之后开始下降，2014 年为 5.68%。长沙市 2010 年外埠人员的比例上涨至 13.71%，2012 年有所回落。萍乡市的外埠人员的比例绝对数较低，但是近年依然表现为先升后降的趋势，2008 年上升至 6.89%，之后开始下降，2014 年下降至 3.40%。

表 3.37 中部各城市外埠人员求职人数占比（%）

年份	郑州	合肥	武汉	长沙	太原	萍乡
2005	7.14	0.82	4.85	—	3.66	0.69
2006	16.64	1.28	7.44	3.02	2.79	2.90
2007	21.73	2.34	17.24	2.89	2.74	3.05
2008	20.79	2.37	14.86	3.05	0.96	6.62
2009	22.03	2.46	—	4.63	1.58	6.89
2010	14.78	13.76	—	13.71	8.92	4.49
2011	13.88	10.21	—	16.06	7.74	5.32
2012	11.10	4.69	4.43	9.38	12.05	4.26
2013	10.02	7.02	5.12	11.80	12.61	3.99
2014	8.91	10.53	5.68	12.41	12.99	3.40

外埠人员之所以表现为这种先升后降的趋势，主要有以下几点原因。

一是 2008 年金融危机引起国内出口下滑，东部地区企业出口萎缩，劳动需求不断减少，引起中部地区外出务工人员返回省内，省内转移呈上升趋势。

二是 2008 年之后我国提出产业内移和西移，中部省份掀起产业承接高潮，导致中部地区对劳动力的需求增加，所以外出务工人员的省内转移不断增加。例如，河南省 2004～2010 年省内就业占全部转移人数的比例一直是低于省外就业的比例，2004 年省内转移人数所占比例为 40.33%，省外输出人数占比为 59.39%，省外就业比省内就业高出 19 个百分点。2005 年省外就业占比为 69.94%，省内就业占比为 29.54%，省外就业比省内就业高出 30 个百分点。此后的几年中，省外就业占比不断减少，省内就业占比则不断增加，到 2011 年，省内就业占比首次超过了省外就业占比，到 2013 年，省内就业占比高出省外就业占比 15 个百分点左右。

三是随着国家惠农政策不断出台，农民工的返乡意愿逐渐增强。国家扶持农业的政策不断出台，粮食补贴、粮种补贴、畜禽补贴、大型农机具购置补贴等一系列支农惠农政策的落实，使农民又从农业生产中看到了希望。“回家种田去”成为民工回流的第一大原因。据国家统计局河南调查总队调查，2014 年二季度返乡 305 人，其中季末临时返乡 137 人，主要原因是夏收农忙而临时返回，占返乡人数的 45.0%；因家中缺乏劳动力而返乡的有 99 人，占 32.5%；想回本地就业的有 11 人，占 3.6%；因在外找不到工作的有 7 人，占 2.3%；其他 16.6%的返乡人员主要是因家庭、务工地收入低、企业关停等其他原因而返乡。

关于今后的就业打算：扣除夏收原因返乡的人员之后尚有 168 人存在下半年的择业问题。据调查，有 16.1%的人选择在本地务农，有 10.1%的人选择本地非农自营、非农务工，有 35.1%的人选择回返乡前务工地找工作，持观望态度的有 28.0%，另有 10.7%的人是其他原因。

总之，外埠人员是流动性较强的群体，其就业情况波动最大，受经济影响最大。一方面，受金融危机的影响，2008 年前后东部地区的劳动力需求减少，外出务工人员返回省内，中部地区承接大量产业，省内劳动力需求增加；另一方面，惠农政策不断出台，农民工的返乡务农意愿逐步增强，劳动力供给不断减少。

第五节　中部地区劳动力市场不同技术等级供求变化的特征

一、中部地区低技能人员的劳动力需求较大

中部地区对无技术等级人员的劳动力需求占比较高。从劳动力需求来看，除了长沙市之外，其他几个城市对无技术等级的劳动力需求均高于 50%，其中最高的是郑州市，高达 96.22%，次高的为合肥市，为 71.41%，如表 3.38 所示。

纵向来看，中部地区对无技术等级或职称的劳动力需求近年有增加的趋势。

如表 3.38 所示，郑州市对无技术等级或职称的劳动力需求一直保持在 95%以上，其余四大城市在 2008 年以后基本上处于上升趋势，如长沙市由 2008 年的 26.32%上升至 2014 年的 37.11%；合肥市由 2009 年的 34.72%上升至 2014 年的 71.41%；太原市 2008 年为 50.30%，2014 年为 66.31%；萍乡市 2009 年为 49.62%，2014 年为 55.87%。

表 3.38 历年不同城市无技术等级或职称的劳动力需求占比（%）

年份	合肥	太原	长沙	萍乡	郑州
2002	65.38	55.00	44.22	23.68	98.10
2003	57.23	43.35	39.79	—	99.20
2004	83.93	45.69	35.53	13.91	96.30
2005	88.48	57.89	—	28.17	97.38
2006	72.86	59.81	28.12	64.46	97.69
2007	39.35	51.19	27.57	79.46	98.15
2008	51.73	51.46	26.32	52.93	97.67
2009	34.72	50.30	14.45	49.62	97.12
2010	45.43	66.06	17.27	50.34	96.98
2011	47.51	75.25	26.04	48.17	93.16
2012	43.71	52.31	32.82	49.97	95.21
2013	67.58	51.18	35.17	47.65	94.93
2014	71.41	66.31	37.11	55.87	96.22

从求人倍率来看，各城市无技术等级或职称的求人倍率是上升的。如表 3.39 所示，合肥市 2002 年的求人倍率为 0.75，是供大于求，2014 年则为 1.58，需求远高于供给。太原市无技术等级或职称的求人倍率只在个别年份表现为大于 1，大多数年份为小于 1，但是总体来讲是上升的，并且逐渐接近于 1，即供大于求现象在缓解。萍乡市无技术等级或职称的人员的求人倍率一直都是大于 1 的，需求大于供给，但是总体来看，2008 年以来是上升的。郑州市无技术等级或职称的人员的求人倍率是 2011 年以前是小于 1 的，供给大于需求，2011 年之后劳动力市场开始出现逆转，变为需求大于供给。

表 3.39 历年不同城市无技术等级或职称的求人倍率的变化情况

年份	合肥	太原	长沙	萍乡	郑州
2002	0.75	0.59	0.88	1.05	0.87
2003	0.35	0.32	0.30	—	0.88
2004	1.13	0.53	0.38	1.67	0.61
2005	1.10	0.75	—	1.88	0.52

续表

年份	合肥	太原	长沙	萍乡	郑州
2006	0.36	0.67	0.51	1.39	0.56
2007	0.25	0.57	0.55	1.96	0.53
2008	0.43	0.52	0.52	1.10	0.68
2009	0.45	0.47	0.33	1.17	0.78
2010	0.50	0.91	0.47	1.29	0.90
2011	0.74	2.88	0.77	1.53	0.75
2012	0.47	0.76	0.90	2.10	1.34
2013	1.48	0.88	1.09	1.57	1.37
2014	1.58	1.06	1.15	1.88	1.70

是什么原因导致中部劳动力市场中低技能人员求人倍率上升呢？从数据上看，主要是劳动力需求增加造成的。中部地区对无技术等级或职称人员的劳动力需求近年来明显增加，而劳动力供给总体上来看较为稳定。如表 3.40 所示，太原市和萍乡市在 2008 年、2007 年无技术等级或职称人员劳动力供给比例有明显下降；而合肥市、长沙市、郑州市 3 个城市的劳动力供给比例表现为平稳的态势，比例基本上没有变化。所以认为中部低技能人员求人倍率的增加主要是由于劳动力需求增加造成的。

表 3.40　历年不同城市无技术等级或职称劳动力供给比例（%）

年份	合肥	太原	长沙	萍乡	郑州
2002	68.46	68.73	15.87	28.33	99.33
2003	67.33	88.01	49.68	—	99.39
2004	65.52	79.30	52.48	14.90	98.68
2005	70.17	79.56	—	56.10	98.16
2006	69.59	86.17	41.08	59.72	97.22
2007	73.74	81.59	39.05	74.58	97.01
2008	72.23	95.39	37.58	47.73	96.80
2009	71.92	80.15	35.98	50.03	95.95
2010	71.31	67.64	36.00	48.39	96.23
2011	65.14	50.63	33.79	53.00	96.06
2012	74.06	66.47	37.03	54.52	95.87
2013	72.77	59.17	35.27	50.66	96.83
2014	73.62	57.74	34.63	60.31	95.96

二、中部地区对中高级专业技术人员的需求不高

中部地区对中高级专业技术的劳动力需求比例呈下降态势。如表 3.41 所示，2014 年对高级专业技术人员的需求比例较 2002 年大多省份呈下降趋势。2002 年

郑州市对高级专业技术人员的需求为 1.03%，2014 年下降至 0.28%；合肥市呈明显下降趋势，2002 年为 23.55%，2014 年为 8.06%；长沙市由 2002 年的 28.99%下降至 2014 年的 22.49%；萍乡市则下降了近 5 个百分点。

表 3.41　历年不同城市中高技术等级或职称的劳动力需求占比情况（%）

年份	合肥	太原	长沙	萍乡	郑州
2002	23.55	11.39	28.99	20.28	1.03
2003	36.01	15.68	23.46	—	0.30
2004	12.98	18.77	25.85	15.44	1.27
2005	9.05	19.55	—	22.69	0.95
2006	19.86	19.33	28.07	12.21	0.89
2007	38.61	21.68	27.58	8.38	0.95
2008	32.73	23.76	28.43	14.64	1.40
2009	30.85	20.68	34.22	16.15	1.66
2010	14.39	14.11	32.18	19.14	1.75
2011	7.46	10.21	26.59	20.86	3.35
2012	12.96	21.89	24.42	18.75	1.79
2013	10.02	20.90	23.09	19.73	1.83
2014	8.06	12.27	22.49	15.65	0.28

从求人倍率来看，如表 3.42 中高级技术等级或职称的求人倍率是增加的，基本上是大于 1 的，即中部地区中高级技术等级人员供不应求。合肥市的求人倍率变化幅度较大，但是 2011 年后上升趋势明显。萍乡市、郑州市、长沙市中高级技术等级的求人倍率呈平稳上升趋势。

表 3.42　历年不同城市中高技术等级或职称的求人倍率的变化情况

年份	合肥	太原	长沙	萍乡	郑州
2002	1.34	0.81	0.19	1.05	0.87
2003	1.02	1.91	0.51	—	0.88
2004	0.72	1.73	0.92	1.67	0.61
2005	0.58	1.49	—	1.88	0.52
2006	0.47	3.69	0.97	1.39	0.56
2007	1.45	2.30	0.95	1.96	0.53
2008	1.50	7.33	0.92	1.10	0.68
2009	2.09	1.46	1.32	1.17	0.78
2010	0.83	0.92	1.64	1.29	0.90
2011	0.50	1.28	1.35	1.53	0.75
2012	0.91	2.21	1.41	2.10	1.34
2013	1.66	1.71	1.37	1.57	1.37
2014	1.56	0.73	1.29	1.88	1.70

中部地区中高级技术等级劳动力供给稳中有下降。如表 3.43 所示，合肥市中高级技术等级人员的供给比例在 2002～2011 年较为稳定，在 14%徘徊，2012 年后开始下降，2014 年下降至 8.40%。长沙市中高级技术等级人员的供给比例在 2006～2009 年较为稳定，2010 年后开始下降，2014 年下降至 18.65%。萍乡市保持较为稳定的态势。郑州市中高级技术等级劳动力供给的比例非常低。

表 3.43　2002～2014 年不同城市中高级技术等级或职称的劳动力供给的变化情况（%）

年份	合肥	太原	长沙	萍乡	郑州
2002	13.77	10.42	48.10	12.30	0.39
2003	14.63	5.29	17.11	—	0.41
2004	15.89	9.98	15.77	11.24	0.32
2005	13.68	13.46	—	12.54	0.41
2006	14.42	5.05	21.56	9.57	0.47
2007	12.39	8.56	22.45	5.52	0.53
2008	13.00	3.10	23.00	11.21	0.91
2009	13.68	10.51	21.39	10.41	1.44
2010	13.65	14.25	19.18	21.85	1.37
2011	15.09	15.47	19.52	17.56	1.34
2012	11.34	9.57	17.51	13.15	1.52
2013	9.61	12.47	18.36	16.55	0.96
2014	8.40	15.51	18.65	11.78	0.36

由此可见，中部地区中高级技术等级人员求人倍率的上升，更多的是由于劳动力供给的减少造成的。

第四章 中部地区劳动力水平效应的实证分析

第一节 中部地区劳动力数量现状

我国少儿人口的比例和劳动年龄人口的比例都出现了减少趋势。国家统计局公布的2015年全国1%人口抽样调查主要数据公报显示，同2010年第六次全国人口普查相比，0～14岁人口的比例下降了0.08个百分点，15～59岁的人口比例下降了2.81个百分点，60岁及以上人口的比例上升了2.89个百分点，65岁及以上人口的比例上升了1.60个百分点。2015年16～59岁的劳动年龄人口总数减少了487万，减少至9.1096亿，在全国总人口中的占比由2014年年末的67%进一步降至66.3%。中部六省的劳动力供给情况在近年发生了什么变化呢？具体如下。本节表内数据根据历年《中国人口与就业统计年鉴》《全国农民工就业监测报告》整理得到。

一、人口增长速度呈下降趋势

中部地区人口的自然增长率一直在下降。如表4.1所示，人口自然增长率表示人口增长的速度。1990年中部地区人口的自然增长率为16.78%，2000年开始骤降，为7.58%，之后各年也呈现出下降趋势，2014年则下降为6.04%。

表4.1 我国各地区历年人口自然增长率的变化情况（%）

年份	东部	东北	中部	西部
1990	12.15	11.47	16.78	15.64
1995	6.90	7.89	10.06	13.40
2000	4.93	4.54	7.58	10.17
2005	4.46	2.07	5.58	7.23
2010	4.95	1.59	5.90	6.64
2011	4.80	0.58	5.76	6.49
2012	5.29	0.41	5.94	6.61
2013	4.87	0.36	5.99	6.49
2014	5.41	0.52	6.04	6.61

人口自然增长率的下降，直接导致人口增长绝对数量的减少。中部地区1991年人口增长了452万人，2001年增长了209万人，2010年增长了93万人，2014

年增长了 178 万人。

人口增速下降表示中部人口规模即将进入下降的趋势。20 世纪 70 年代以来，我国的发展更多地得益于人口红利，即人口红利是支撑我国经济高速增长的重要因素。随着我国计划生育的实施以及其他各种社会经济因素的影响，我国人口增速开始下降，意味着我国的人口红利即将消失。

二、劳动年龄人口的比例下降

总量上来看，中部地区近年少儿人口不断下降。如表 4.2 所示，2006 年中部地区 0～14 岁的人口数为 66 048 万人，2014 年则下降为 55 362 万人，下降了 10 686 万人。从比例来看，如表 4.3 所示，中部地区少儿人口占全部人口的比例也表现为下降趋势。2000 年中部地区 0～14 岁人口占比为 0.21，2006 年下降为 0.20，2014 年下降为 0.18。少儿人口总量和比例下降意味着我国劳动年龄人口在未来将处于下降趋势。

表 4.2 中部地区各年不同年龄人口（万人）

年份	0～14 岁	15～64 岁	65 岁及以上
2014	55 362	214 851	29 049
2010	56 138	221 060	28 586
2006	66 048	231 312	29 818

表 4.3 中部地区各年不同年龄人口占比

年份	0～14 岁	15～64 岁	65 岁及以上
2014	0.18	0.72	0.10
2011	0.18	0.73	0.09
2006	0.20	0.71	0.09
2004	0.16	0.75	0.08
2000	0.21	0.73	0.07

中部地区近年劳动年龄人口的总量和比例上均显示出下降趋势。2006～2014 年间，中部地区 15～64 岁的劳动年龄人口数下降了 16 461 万人，比例也由 2006 年的 0.73 下降到 2014 年的 0.72。劳动年龄人口绝对数和相对比例的下降，意味着中部地区劳动年龄增长出现逆转趋势。

中部地区老龄人口的总量增加。中部地区老龄人口的总量 2014 年比 2006 年多 463 万人，65 岁以上的人口占比由 2006 年的 0.09 上升至 2014 年的 0.10，总体上来看也是呈上升趋势。

中部地区人口的年龄结构正在发生变化，总体上少儿和劳动年龄人口呈下降趋势，而老龄人口呈上升趋势。这意味着中部地区总体劳动年龄人口会下降，我们多年依赖的人口红利即将或正在消失，而人口老龄化会是我们今后所面临的重要问题。丰富的劳动力资源一直是我们发展劳动密集型产业的优势，而这种优势会随着劳动年龄人口的减少而消失，我们的产业结构面临转型，产业结构必须向技术型、知识型产业转型。我们所依赖的优势必须由量的优势转向质的优势，这就要求提高劳动力质量，发挥人力资本在经济增长中的作用，即增加技能型、知识型人才的数量。

三、农村剩余劳动力逐年减少

农村剩余劳动力开始逐年减少。中部地区一直是劳务输出大省，自 20 世纪 80 年代开始，大量农村剩余劳动力走出农村，走向城市。农村剩余劳动力也是我国制造业低成本发展的基础，使得制造业获取了廉价的劳动力成本，但是 21 世纪初东部开始出现“民工荒”问题，继而向中西部蔓延，并且在中部有愈演愈烈的趋势。从表 4.4 可以看出，我国乃至中部地区的农村剩余劳动力在不断减少，2010 年全国外出农民工较上一年增加了 1245 万人，以后各年的增加人数呈递减趋势，至 2014 年，外出农民工仅较上一年增加了 498 万人。而中部地区呈现相同趋势，2010 年中部外出农民工增加了 466 万人，2011 年、2012 年分别为 330 万人、314 万人，2014 年则下降至 111 万人。同样东部、西部地区也呈现相同的下降趋势。外出农民工增加幅度的下降，表示我国农村剩余劳动力减少。

表 4.4　历年我国不同地区外出农民工增加人员（万人）

年份	全国	东部	中部	西部
2014	498	214	111	180
2013	660	−741	1079	291
2012	975	401	314	268
2011	1028	323	330	409
2010	1245	449	466	322

农民工的工资不断增加，企业人工成本持续攀升。随着农村剩余劳动力的减少，各地不断出现“民工荒”、招工难现象，廉价劳动力的获取越来越难。劳动力供给减少，劳动力需求如果不变，劳动力的价格就会上涨，即工资会上升，企业的用工成本随之上升。如表 4.5 所示，近年来我国农民工的工资增长迅速，不仅东部地区增加迅速，而且中西部的增长速度也相当快，东部地区 2014 年比 2008 年增加了 119.38%，中部为 119.65%，中部比东部的增长幅度还略高些。成本上升，价格下降，利润率不可避免地下降。因此说我国制造业转型势在必行。

表 4.5　历年我国不同地区的农民工工资（元）

年份	全国	东部	中部	西部
2014	2864	2966	2761	2797
2013	2609	2693	2534	2551
2012	2290	2286	2257	2226
2011	2049	2053	2006	1990
2010	1690	1696	1632	1643
2009	1417	1422	1350	1378
2008	1340	1352	1257	1273

第二节　中部地区劳动力水平效应测度

劳动力对经济发展有着深刻的影响。劳动力又可以分为劳动力数量和劳动力质量。劳动力供给的水平效应是指劳动力数量对经济增长的作用，即劳动力规模扩张和就业人口的增加对经济增长的影响。本节表内数据根据历年《全国农民工就业监测报告》《中国统计年鉴》各省统计年鉴整理得到。

一、劳动力供给水平效应呈下降趋势

经济的增长需要投入各种要素，如资本、劳动力、自然资源等，要素投入的增加会直接促进经济增长。那么劳动要素投入的增加，显然也会促进经济增长。中部地区一直被认为是劳动人口大省，也因此享受了多年的人口红利。但是近年来我国人口控制政策的实施，人口生育率水平的逐年下降，最终导致中部地区劳动力数量的下降，进而引致劳动力供给水平效应的下降。

所谓劳动力投入增长率，是指每年就业人员的增长率，它表示每年劳动力投入的增长情况。据中部各省统计年鉴数据，计算各省及中部平均劳动力投入增长率，如表 4.6 和图 4.1 所示，数据显示出以下信息。

表 4.6　不同年份中部各地区劳动力投入增长率（%）

年份	山西	安徽	江西	河南	湖北	湖南	中部平均水平
1980	2.19	4.24	3.77	1.95	2.09	3.09	2.83
1985	3.35	4.72	3.09	5.20	1.59	2.09	3.48
1990	1.74	3.07	3.19	3.63	24.97	2.17	6.43
1995	1.47	2.80	4.62	1.37	1.11	1.97	2.07
2000	−0.70	1.53	−1.35	7.05	0.80	−0.66	2.02

续表

年份	山西	安徽	江西	河南	湖北	湖南	中部平均水平
2005	1.74	1.79	2.83	1.35	0.86	1.45	1.55
2006	4.07	1.94	1.95	0.99	0.76	1.07	1.47
2007	2.21	2.06	2.09	0.94	0.56	1.07	1.33
2008	1.15	2.57	1.47	1.09	0.64	0.69	1.25
2009	1.02	1.84	1.69	1.95	0.42	0.64	1.33
2010	3.39	1.55	2.19	1.56	0.64	1.21	1.55
2011	3.14	1.75	1.35	2.58	0.74	0.56	1.66
2012	2.95	2.08	0.92	1.45	0.41	0.36	1.26

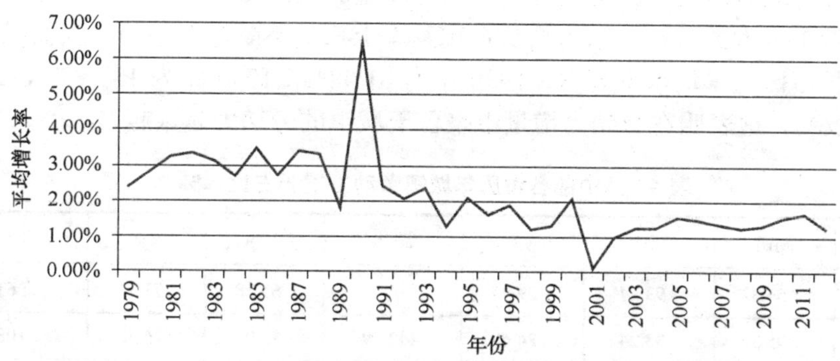

图 4.1　1979～2012 年中部地区的劳动力投入平均增长率的变化趋势

中部地区的劳动力投入增长率总体上呈下降趋势。一方面，中部地区劳动力投入增长率的平均水平是呈下降趋势的，1980 年劳动力投入增长率为 2.83%，1990 年最高达到 6.43%，以后各年开始下降，至 2012 年仅为 1.26%。另一方面，各省的劳动力投入增长率基本上表现为下降趋势。例如，安徽省的劳动力投入增长率由 1980 年的 4.24%，下降到 2012 年的 2.08%；江西省由 1980 年的 3.77%，下降至 2012 年的 0.92%，下降趋势非常明显。

中部地区的劳动力投入增长率呈阶段性下降。1979～1990 年中部地区的劳动力投入增长率平均为 3.16%；1990～2000 年的劳动力投入增长率平均为 1.83%；2000～2012 年的劳动力投入增长率进一步下降为 1.24%。可见 1978～1990 年中部地区的劳动力投入增长率较高，我国拥有丰富而廉价的劳动力资源，每一年劳动力投入的数量都在不断增加，劳动力数量的增加极大地推动了中部地区的经济增长。1990～2000 年间中部地区的劳动力投入依然在增加，但速度有所下降；2000～2012 年劳动力投入的增长进一步减少。

劳动力投入增长率逐年下降意味着劳动力水平效应即将下降。劳动力投入增长率的下降，表示在未来投入到经济中的劳动力数量会减少。我国经济增长长期以来所依赖的人口红利即将消失。我们依靠单纯增加劳动要素数量的经济增长方式最终需要改变，即我们的经济增长方式要转型。

二、劳动力数量增量供给以城市为主

农村劳动后备力量持续减少，未来劳动力增量主要来源于城镇。20 世纪 80 年代，大量农村劳动力涌入城镇，为我国经济发展提供了廉价的劳动力，我国制造业因此得到巨大的发展。但是随着城镇化的加速和人口增长规律的作用，我国农村劳动力作为我国经济发展的后备力量在持续减少。

农村后备劳动力减少。城镇/乡村劳动力增长占比的计算公式如下：

城镇/乡村劳动力增长占比＝城镇/乡村劳动力增量/总劳动力增量

通过劳动力增长占比可以看到劳动力增量的来源变化情况。从表 4.7 和图 4.2 中可以看出各省的城镇劳动力增长占比基本上都呈不断增加趋势。我们以中部劳动力增长占比的平均水平为例，1980 年为 61.98%，1999 年为 135.95%，2011 年为 293.26%。这表明在劳动力增量中来自于城镇的劳动力越来越多。

表 4.7　中部各省历年城镇劳动力增长占比（%）

年份	湖南	江西	河南	湖北	山西	安徽	中部平均水平
1980	54.32	93.24	29.95	—	61.28	71.11	61.98
1985	95.37	33.24	24.69	442.79	82.99	−26.42	108.78
1990	23.86	27.00	21.97	33.33	67.99	90.10	47.45
1999	133.33	103.76	177.24	343.38	64.31	28.30	135.95
2001	234.64	333.56	198.61	194.92	−71.75	42.55	164.11
2002	274.43	236.58	251.23	283.57	484.36	27.27	231.68
2003	323.38	275.69	277.78	303.85	155.70	26.83	221.65
2006	358.47	282.96	375.00	−157.65	194.00	15.38	244.08
2007	353.67	205.76	408.16	520.00	235.28	58.54	232.01
2008	335.04	256.39	375.51	472.50	249.89	53.03	247.13
2009	173.89	293.01	377.55	553.33	231.00	64.15	231.40
2010	46.94	173.68	62.55	5658.09	96.17	−3.13	90.44
2011	322.09	325.15	390.38	408.44	356.74	46.00	293.26
2012	296.48	571.80	403.70	511.67	370.44	88.46	355.19
2013	−240.66	385.16	293.10	346.30	299.10	70.37	423.00
2014	220.78	355.25	288.52	451.59	299.67	300.00	292.25

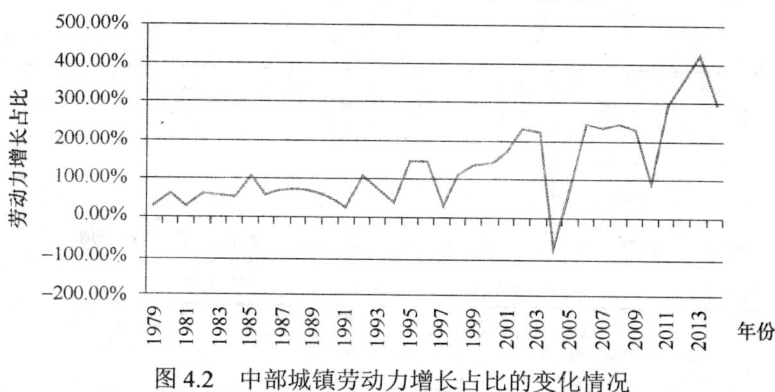

图 4.2　中部城镇劳动力增长占比的变化情况

各省乡村劳动力增长占比基本上都是不断下降的。如表 4.8 和图 4.3 所示，在劳动力增量中，来自于乡村的劳动力变得越来越少。数据显示中部地区乡村劳动力平均增长率 1980 年为 38.02%，以后各年开始下降，并且大部分年份小于零，2014 年为−192.25%，这表示近年乡村劳动力是减少的。近年城市化进程加快，农村青壮年逐渐转入城市，农村劳动人口越来越少，农村老龄化程度也逐渐加深。根据第六次人口普查，乡村老龄化程度高于社会平均老龄化程度，如山西省社会平均 60 岁以上人口占比为 11.53%，而乡村为 13.2%，乡村 60 岁以上人口占比高于社会平均水平，其他各省也表现出同样的状况。相应地，乡村的老人抚养比也高于社会平均水平。

表 4.8　中部各省历年乡村劳动力增长占比（%）

年份	湖南	江西	河南	湖北	山西	安徽	中部地区平均水平
1980	45.68	6.76	70.05	—	38.72	28.89	38.02
1985	4.63	66.76	75.31	−342.79	17.01	126.42	−8.78
1990	76.14	73.00	78.03	66.67	32.01	9.90	52.55
1999	−33.33	−3.76	−77.24	−243.38	35.69	71.70	−35.95
2001	−134.64	−233.56	−98.61	−94.92	171.75	57.45	−64.11
2002	−174.43	−136.58	−151.23	−183.57	−384.36	72.73	−131.68
2003	−223.38	−175.69	−177.78	−203.85	−55.70	73.17	−121.65
2006	−258.47	−182.96	−275.00	257.65	−94.00	84.62	−144.08
2007	−253.67	−105.76	−308.16	−420.00	−135.28	41.46	−132.01
2008	−235.04	−156.39	−275.51	−372.50	−149.89	46.97	−147.13
2009	−73.89	−193.01	−277.55	−453.33	−131.00	35.85	−131.40
2010	53.06	−73.68	37.45	−5558.09	3.83	103.13	9.56

续表

年份	湖南	江西	河南	湖北	山西	安徽	中部地区平均水平
2011	−222.09	−225.15	−290.38	−308.44	−256.74	54.00	−193.26
2012	−196.48	−471.80	−303.70	−411.67	−270.44	11.54	−255.19
2013	340.66	−285.16	−193.10	−246.30	−199.10	29.63	−323.00
2014	−120.78	−255.25	−188.52	−351.59	−199.67	−200.00	−192.25

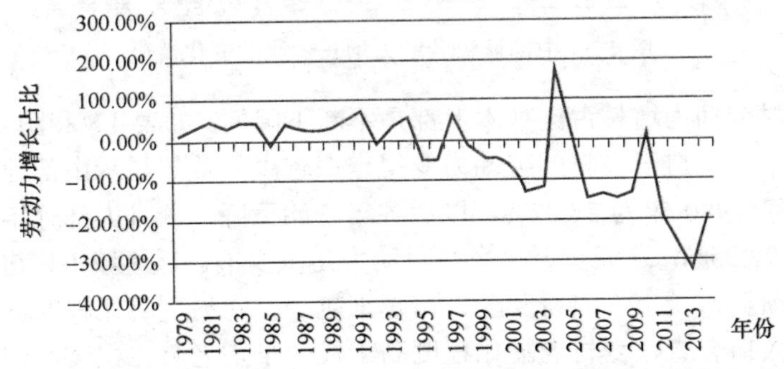

图 4.3 中部乡村劳动力增长占比的变化情况

城镇劳动力供给逐年增加，乡村劳动力供给逐年下降。表 4.9 表明中部地区未来的劳动力供给将大部分或者全部来源于城镇，而农村为社会提供劳动力将日趋减少。未来趋势将会是中部劳动力供给增长重心向城镇转移，城镇将成为我国劳动要素的主要来源。

表 4.9 中部各省人口老龄化比例和乡村人口老龄化比例（%）

地区	60 岁以上人口占比平均水平	乡村 60 岁以上人口占比	老人抚养比平均水平	乡村老人抚养比
山西	11.53	13.2	16.16	19.08
安徽	15.01	16.87	22.33	26.54
江西	11.44	12.16	17.17	19.01
河南	12.73	13.87	19.21	22
湖北	13.93	15.75	19.31	22.74
湖南	14.54	16.18	21.44	25

三、三次产业劳动力供给水平效应分析

经济发展的不同阶段，三次产业的增长速度不同，对劳动力的吸纳也不尽相同。反过来，从劳动力供给效应的角度来看，不同阶段劳动力对不同产业的供给效应也不一样。通过计算三次产业劳动力增长占比，可以看到劳动力供给对三次产业贡献的变化情况，三次产业劳动力增长占比的计算公式如下：

$$某产业的劳动力增长占比=\frac{某产品的劳动力增量}{总劳动力增量}$$

首先，1979～1992 年劳动力增量主要流向第一产业，为农业做贡献。如表 4.10 和图 4.4 所示，这一时期的第一产业劳动力增长占比通常高于（1985 年除外）第二产业和第三产业。以 1980 年为例，1980 年第一产业的劳动力增长占比为 41.40%，第二产业为 17.18%，第三产业为 20.61%。也就是说，这一时期增加的劳动力，其中有 41.40%流向了第一产业，17.18%流向了第二产业，20.16%流向了第三产业。这一时期的劳动力增量主要为农业做了贡献，这与当时我国的经济发展特点密切相关，当时我国农业在国民经济中所占的比例较大，是国民经济的支柱产业，当然需要比其他部门投入更多劳动力。

表 4.10　中部地区三次产业劳动力增长占比（%）

年份	第一产业	第二产业	第三产业
1980	41.40	17.18	20.61
1985	−32.28	89.67	42.60
1990	83.34	9.35	7.31
1995	−52.17	42.04	110.13
1996	−74.85	59.31	115.55
1997	−54.52	15.44	139.08
1998	−80.76	108.27	72.49
1999	−125.52	−141.86	367.38
2000	−42.93	38.55	104.39
2001	15.32	39.31	45.37
2002	−306.20	172.54	233.65
2003	−224.82	195.63	129.19
2004	−95.72	109.61	86.43
2005	−72.92	170.29	2.40
2006	−47.45	56.78	90.67
2007	−47.80	58.37	89.43
2008	229.66	−220.33	90.79
2009	−51.31	65.59	85.66
2010	−23.61	58.29	65.33
2011	−22.73	45.13	77.58
2012	−118.06	92.34	125.76
2013	−286.03	127.88	258.15
2014	−70.67	23.65	147.02

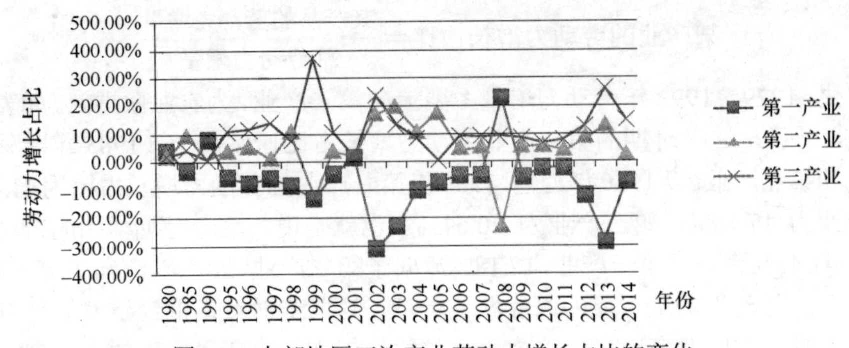

图 4.4　中部地区三次产业劳动力增长占比的变化

其次，1993～2000 年，劳动力增量主要流向第三产业。这一时期明显的特征是第一产业的劳动力增长占比基本上为负数，即这阶段第一产业的劳动力是呈负增长的，是减少的，农业在不断地排除劳动力而不是吸纳劳动力。与此相反，第二产业和第三产业的劳动力增长占比则呈上升趋势，高于第一产业，其中第三产业的劳动力增长占比较高。这意味着这一阶段不仅劳动力增量主要流向了第三产业和第二产业，并且第一产业的存量劳动力也流向了第二、第三产业。那么本阶段的劳动力供给增量主要为第二、第三产业，尤其是为第三产业做贡献。这也与我国当时的经济发展特点相吻合，随着经济的发展，农业在国民经济中所占的比例逐渐减少，第二、第三产业发展迅速，需要更多劳动力要素的投入。

再次，2001 年至今，第二产业劳动力增长占比迅速增加，更多的劳动力增量流向第二产业。在上一阶段第三产业的劳动力增长占比高于第二产业，而在这一阶段，第二产业的劳动力增长占比不仅和第三产业相近，更有 2003～2006 年高于第三产业。可以理解为本阶段社会的劳动力增量更多地流向了第二产业，这是由于第二产业发展迅速，需要更多的劳动力。例如，近年中部地区承接东部产业，承接效果明显，反映到劳动力市场上就表现为：2011 年第二产业的劳动力增长占比有小幅度的上扬，即劳动力为第二产业做出了更多的贡献。

总之，不同阶段由于各产业发展的特点不一样，劳动力增长占比也不同。即劳动力供给水平效应是随着经济发展阶段不断变化的。总体态势如下：第一阶段，农业是国民经济的支柱产业，农业吸纳更多的劳动力，较多的劳动力投入到了农业，所以农业劳动力水平效应较为明显；第二阶段，第二、第三产业发展迅速，替代了第一产业的国民经济支柱产业的地位，第二、第三产业的迅速发展要求更多的劳动力要素投入，因此这一时期农业的劳动力水平效应下降，而第二、第三产业的劳动力水平效应上升，尤其是第三产业；第三阶段，中部地区的第二产业发展迅速，所以更多的劳动力增量流向了第二产业，因此，此阶段第二产业的劳动力供给水平效应明显。

四、不同行业劳动力供给水平效应分析

首先，从总量来看，制造业、建筑业行业的就业人数占比较大。如表 4.11 所

示，2014 年中部地区各行业就业人数占比最大的是制造业，为 25.60%，其次是建筑业，为 17.36%。制造业和建筑业两个行业的就业人数占全部就业人数的近一半，而这两个行业主要吸纳低素质的就业人员，由此可见，中部地区的发展还是主要依靠低学历人员的劳动供给。

表 4.11　2014 年中部地区各行业就业人数占比（%）

行业	占比
制造业	25.60
建筑业	17.36
教育	11.17
公共管理和社会组织	10.55
采矿业	5.56
卫生、社会保障和社会福利业	5.08
交通运输、仓储和邮政业	4.52
信息传输、计算机服务和软件业	4.44
金融业	2.85
电力、燃气及水的生产和供应业	2.48
科学研究、技术服务和地质勘查业	1.74
房地产业	1.62
水利、环境和公共设施管理业	1.50
租赁和商务服务业	1.36
住宿和餐饮业	1.24
批发和零售业	1.18
文化、体育和娱乐业	0.77
农、林、牧、渔业	0.73
居民服务和其他服务业	0.23

其次，从行业就业人数变化情况来看，2003 年、2014 年中部的制造业，建筑业，房地产业，信息传输、计算机服务和软件业的增长幅度较大。如表 4.12 所示，一方面，制造业年均增长 5.25%，信息传输、计算机服务和软件业年均增长 57.52%，这两个行业之所以就业人数增长较快，主要是由于近年产业内移造成的对劳动力的需求快速增加。例如，信息传输、计算机服务和软件业一般来说属于高新技术产业，而我国在该行业的国际分工中处于行业分工的最低端，重点参与加工环节，这些加工环节主要吸纳低素质劳动力。富士康近年先后在中部建立了 14 个工业园区，这些工业园区的建立吸纳了大量的低端劳动力，所以从统计数据来看，信息传输、计算机服务和软件业的就业人数增长迅速。

表 4.12 中部地区不同年份就业人数占比变化及就业人数年均增长率（%）

行业	2003 年占比变化	2014 年占比变化	年均增长率
农、林、牧、渔业	3.53	0.73	−5.75
采矿业	6.52	5.56	2.27
制造业	23.42	25.60	5.25
电力、燃气及水的生产和供应业	2.97	2.48	2.04
建筑业	7.40	17.36	20.81
交通运输、仓储和邮政业	5.63	4.52	1.65
信息传输、计算机服务和软件业	0.84	4.44	57.52
批发和零售业	6.56	1.18	−6.10
住宿和餐饮业	1.35	1.24	3.14
金融业	3.13	2.85	3.00
房地产业	0.70	1.62	20.52
租赁和商务服务业	1.22	1.36	5.44
科学研究、技术服务和地质勘查业	1.66	1.74	4.68
水利、环境和公共设施管理业	1.59	1.50	3.35
居民服务和其他服务业	0.34	0.23	0.17
教育	14.59	11.17	1.18
卫生、社会保障和社会福利业	4.75	5.08	4.95
文化、体育和娱乐业	1.21	0.77	−0.37
公共管理和社会组织	12.62	10.55	2.05

另一方面，建筑业和房地产业的就业人数增长迅速。这主要是由于我国近年来房地产高速发展，而建筑业与房地产业紧密相关，因此房地产业的高速发展带动了两个行业的迅速发展。

再次，教育，卫生、社会保障和社会福利业，文化、体育和娱乐业，公共管理和社会组织等社会性服务业的就业占比不断下降。如表 4.13 所示，这四大行业 2003 年的就业人数占比合计为 33.17%，2014 年则下降到 27.57%，下降幅度明显。随着社会的进步，经济的发展，人们对健康和精神追求的不断增加，对教育、卫生医疗、文化服务的需求也逐步增加，必然导致这些行业的大幅度增加，社会性服务业的大力发展表示社会进入服务业，最终社会性服务业的就业人数也会不断增加。社会服务业主要吸纳高素质人员，但是中部地区这些行业的就业占比表现为下降，表明社会性服务业发展滞后。

表 4.13　历年社会性服务业的就业人数占比变化（%）

年份	教育	卫生、社会保障和社会福利业	文化、体育和娱乐业	公共管理和社会组织
2003	14.59	4.75	1.21	12.62
2004	14.90	4.89	1.10	12.95
2005	14.98	4.94	1.05	13.14
2006	14.95	4.99	1.04	12.95
2007	15.11	5.14	1.08	13.03
2008	14.94	5.25	1.06	13.40
2009	14.60	5.43	1.01	13.85
2010	14.36	5.54	0.98	13.59
2011	13.16	5.24	0.90	12.38
2012	12.71	5.40	0.92	12.29
2013	11.02	4.94	0.80	10.63
2014	11.17	5.08	0.77	10.55

总之，中部地区行业就业情况的近年变化，显示出低端劳动力吸纳力增强，高端劳动力吸纳力减弱的态势。中部地区制造业，建筑业，信息传输、计算机服务和软件业的就业占比较大，并且近年来呈增长态势，而相反社会性服务业等行业的就业占比近年来反而呈下降态势。这种态势造成了中部地区“民工荒”与大学生就业难并存，并且日趋严重。

第三节　中部地区劳动力水平效应的影响因素

影响劳动力数量供给的主要因素有两个：劳动力总量和劳动参与率。劳动力总量与我国的人口基数和人口增长速度紧密相关，我国人口基数大，但是近年来由于我国人口控制政策的实施，人口增速有下降的趋势，由此劳动力总量对劳动力数量供给呈负面影响。

劳动参与率是经济活动人口占劳动年龄人口的比例，经济活动人口包括就业人口和失业人口。很显然劳动参与率高，劳动力供给也会增加，反之亦然。那么影响劳动参与率的因素有哪些呢？近年这些因素会对劳动参与率产生什么影响呢？影响劳动参与率的因素主要有人口结构、工资水平、社会保障等，下面分别讨论这些因素对劳动参与率的影响。

一、人口结构对劳动参与率的影响

中部地区劳动总参与率有下降趋势。根据中部六省第五次和第六次人口普查的资料，计算出中部各省的总劳动参与率如表 4.14 所示。和 2000 年相比，2010 年的劳动参与率均呈下降态势。其中，河南、安徽两省的下降幅度较大，2000 年，河南的劳动参与率为 82.27%，2010 年则下降为 72.38%，下降了近 10 个百分点。2000 年，安徽的劳动参与率为 79.73%，2010 年则为 70.34%。湖南、湖北、江西、山西虽然劳动参与率的下降幅度不及河南和安徽两省，但是也呈下降态势。

表 4.14　中部六省不同年份的总劳动参与率[①]（%）

省份	2000 年	2010 年
河南	82.27	72.38
安徽	79.73	70.34
湖南	76.31	71.27
湖北	76.62	71.18
江西	75.83	71.10
山西	71.20	64.09

年轻人劳动参与率的下降抑制了总体劳动参与率的下降。总体劳动参与率受到劳动年龄人口内部年龄结构和年龄别劳动参与率的影响。总体劳动参与率的计算公式如下：

$$\text{总体劳动参与率}=\sum_{i=15}^{64} r_i c_i$$

c_i 为 i 岁组劳动参与率，r_i 为 i 岁组劳动年龄人口占总量的比例，总的劳动参与率受人口结构的影响，同时也受每组年龄劳动参与率的影响。为了区分两种不同的影响，分别计算了总体劳动参与率变动指数、劳动年龄人口结构变动指数、年龄别劳动参与率变动指数（王欢，等，2014）。公式如下：

$$\text{总体劳动参与率变动指数}=\sum_{i=15}^{64} r_i(t)c_i(t)/\sum_{i=15}^{64} r_i(0)c_i(0)$$

$$\text{年龄别劳动参与率变动指数}=\sum_{i=15}^{64} r_i(t)c_i(t)/\sum_{i=15}^{64} r_i(t)c_i(0)$$

$$\text{劳动年龄人口结构变动指数}=\sum_{i=15}^{64} r_i(t)c_i(0)/\sum_{i=15}^{64} r_i(t)c_i(0)$$

$$\frac{C_i}{C_o}=\text{总体劳动参与率变动指数}$$

$$=\text{年龄别劳动参与率变动指数}\times\text{劳动年龄人口结构变动指数}$$

① 数据根据各省 2000 年、2010 年人口普查资料整理而得。

总体劳动参与率变动指数是表示 t 年比基期年的变动情况，指数大于 1，表示 t 年的劳动参与率高于基期年，反之亦然。劳动年龄人口结构变动指数表示人口结构对总体劳动参与率的作用，如果指数大于 1，表示人口结构对总体劳动参与率起到提升作用，即人口结构的变化提高了总体劳动参与率；如果指数小于 1，表示人口结构对总体劳动参与率起到抑制作用。年龄别劳动参与变动指数表示不同年龄组的劳动参与率对总体劳动参与率的作用，指数大于或小于 1，表示不同年龄组的劳动参与率对总体劳动参与率的提升或抑制作用。

人口结构与年龄别劳动参与率都抑制了总体劳动参与率。如表 4.15 所示，具体来看，对比 2000 年，2010 年的总体劳动参与率变动指数中部六省都是小于 1 的，表示 2010 年的劳动参与率小于 2000 年，所以总体劳动参与率是下降的（王欢，等，2014）。另外，劳动年龄人口结构变动指数和年龄别劳动参与率变动指数都是小于 1 的（除了河南的劳动年龄人口结构变动指数是略大于 1 外），这表明，这 10 年间人口结构的变化和不同年龄组劳动参与率的变化都使得总体劳动参与率下降。那么人口结构和不同年龄组劳动参与率是怎样抑制总体劳动参与率的呢？

表 4.15 中国劳动参与率变动趋势影响要素效应指数分解

要素	河南	安徽	湖南	湖北	江西	山西
总体劳动参与率变动指数	0.880	0.882	0.934	0.929	0.938	0.900
劳动年龄人口结构变动指数	1.010	0.905	0.940	0.952	0.943	0.911
年龄别劳动参与率变动指数	0.990	0.975	0.994	0.976	0.995	0.989

15～24 岁年龄组劳动参与率的下降抑制了总体劳动参与率。表 4.16 显示 2010 年中部不同省份、不同年龄组劳动参与率较 2000 年的变化情况，可以看到各省的情况基本一致，不同年龄组的劳动参与率大部分都是负数，表示 2010 年较 2000 年不同年龄组的劳动力参与率相比是下降的（王欢，等，2014）。

具体到不同年龄组下降的情况有所不同。其中，15～19 岁年龄组的劳动参与率下降幅度是最大的，20～24 岁年龄组的劳动参与率下降幅度也比较大。2010 年河南 15～19 岁年龄组的劳动参与率较 2000 年相比下降了 22.42%，安徽下降了 21.13%，山西下降了 25.36%。这主要是由于我国教育事业的长足发展，初中、高中的就学率、升学率得到很大的提高；同时，我国 1999 年开始的大学扩招，这些教育方面的改善致使中部地区青少年的劳动参与率下降，从而抑制了总体劳动参与率的下降。

表 4.16 中部六省 2000 年、2010 年不同年龄阶段劳动参与率变化（%）

年龄	河南	安徽	湖南	湖北	江西	山西
总计	−9.93	−9.40	−5.04	−5.43	−4.75	−7.11
15～19 岁	−22.42	−21.13	−12.86	−15.29	−19.05	−25.36
20～24 岁	−18.61	−20.19	−12.38	−15.90	−13.61	−17.45
25～29 岁	−8.21	−6.83	−3.72	−4.54	−1.63	−4.04
30～34 岁	−7.02	−6.36	−3.25	−3.83	−2.34	−3.96
35～39 岁	−6.57	−5.57	−2.91	−2.43	−2.99	−4.01
40～44 岁	−5.49	−3.98	−2.48	−0.61	−1.64	−2.62
45～49 岁	−5.52	−3.72	−1.78	1.34	−0.96	−0.22
50～54 岁	−7.45	−6.55	−2.50	1.62	−1.40	0.83
55～59 岁	−4.39	−1.58	−0.40	2.08	1.35	2.81
60～64 岁	−1.69	1.17	−1.70	2.03	−0.36	2.37
65 岁以上	−6.41	−3.49	−4.57	0.04	−1.31	−6.28

25～34 岁的青壮年人口比例下降幅度较大。人口结构的转型直接影响中部地区的劳动参与率。我国近年逐步进入老龄化社会，老龄化人口的比例不断上升，而青壮年人口的比例不断下降，老龄化人口的劳动参与率显然是低于青壮年的，如果其比例上升，而青壮年人口的比例下降，那么会促使总体劳动参与率下降。表 4.17 表示 2010 年不同年龄组人口比例较 2000 年相比的变化情况，数据表示：中部六省 25～34 岁人口比例的变化均为负数，即 2010 年较 2000 年的青壮年人口比例是下降的（王欢，等，2014）。而与此同时，55 岁以上人口比例的变化却均为正数，即 2010 年较 2000 年 55 岁以上的人口比例是上升的。因此，人口结构的转型致使中部总体劳动参与率下降。

表 4.17 中部六省 2000 年、2010 年不同年龄阶段人口比例的变化（%）

年龄	河南	安徽	湖南	湖北	江西	山西
15～19 岁	−2.55	−1.51	−4.38	−2.58	−1.93	−1.74
20～24 岁	3.57	1.33	3.23	2.97	1.89	1.78
25～29 岁	−3.56	−4.87	−2.33	−2.77	−3.17	−3.40
30～34 岁	−5.72	−6.86	−5.62	−5.67	−2.60	−4.24
35～39 岁	−1.29	−1.47	−1.24	−2.88	0.62	−0.53
40～44 岁	3.72	6.60	3.80	2.30	1.65	1.22
45～49 岁	0.15	1.26	0.80	1.22	−0.08	0.90
50～54 岁	−0.19	−1.73	−0.34	0.67	0.45	1.65

续表

年龄	河南	安徽	湖南	湖北	江西	山西
55～59岁	2.93	2.31	2.79	2.79	2.07	2.74
60～64岁	1.60	1.63	1.03	1.72	0.49	0.69
65岁以上	1.35	3.33	2.48	2.23	0.69	0.92

二、失业保险对劳动力供给的影响

社会保障制度对劳动力供给有着直接的影响。劳动者在决定是否提供劳动时会考虑社会保障问题，社会保障制度在一定程度上保证了劳动力市场的稳定运行。社会保障制度包括养老保险、医疗保险、生育保险、失业保险、工伤保险等，其中失业保险对劳动力供给有直接的影响，下面主要研究失业保险对劳动力供给的影响。

失业保险是旨在解决失业问题的社会保障制度。失业保险一方面给失业者发放失业保险金，以维持失业者的基本生活水平；另一方面保障失业者获得就业培训等，提高其就业能力以尽快获取新的就业机会。具体来看，失业保险可以促进就业，增加劳动力供给。这主要是由于失业保险促使失业者接受必要的职业培训，提高劳动者的技能水平，帮助失业者再就业。但是另一方面失业保险又可能阻碍就业，减少劳动力供给。失业保险的缴纳会增加企业成本，企业会减少雇佣工人；劳动者考虑到失业期间会领取失业保险金，可能会降低工作上的努力程度，进而增加失业机会，这样同样会减少劳动力供给。

1. 综合评价法模型的构建及指标选取

我国的失业保险对劳动力供给究竟会产生怎样的影响呢？为了测定我国中部地区失业保险对劳动力供给的影响，本文采用综合评价法对失业保险促进劳动力供给的作用进行测定。采用 8 个指标：城镇登记失业率、失业保险制度覆盖率、失业保险享受率、平均失业保险金、失业保险金人均结余、失业保险收入增速、失业保险支出增速、失业保险结余增速（陈涛，2011）。具体指标的计算公式如下：

城镇登记失业率＝城镇登记失业人数/（城镇从业人数＋城镇登记失业人数）

城镇登记失业率综合反映了某地区某时间内的失业程度。显然该值越大表示失业越严重。该数据可以从历年《中国统计年鉴》中获取。

$$\text{失业保险制度覆盖率}=\frac{\text{年末参保人数}}{\text{城镇就业人数}}\times 100\%$$

失业保险制度覆盖率表示失业保险对人口的保护程度。其越高表示保护的人越多，失业保险制度越完善。

$$失业保险金享受率=\frac{年末发放失业保险金人数}{城镇登记失业人数}\times 100\%$$

失业保险金享受率表示失业人员中领取失业保险金的比例，比例越高表示失业保险制度对失业人员的保护程度越高。

$$平均失业保险金=\frac{全年发放失业保险金数额}{全年发放失业保险金人数}\times 100\%$$

平均失业保险金表示领取失业保险金的失业人员获得的失业保险金额。失业保险金太低不能保障失业人员的基本生活；太高容易引起失业人员的惰性，降低找工作的积极性。

$$失业保险金人均结余=\frac{年末失业保险基金储存结余}{年末参保人数}\times 100\%$$

失业保险金人均结余表示年末失业保险金人均剩余的数额。

$$失业保险收入（支出、结余）增速=\frac{两年度收入（支出、结余）之差}{上一年度收入（支出、结余）}\times 100\%$$

失业保险收入（支出、结余）增速，3 个指标主要表示失业保险金的管理及运用情况。

2. 计算过程

首先，计算八大指标。根据历年《中国劳动统计年鉴》和《中国统计年鉴》计算出八大指标，各指标的实际值如表 4.18 所示。

表 4.18　中部地区历年各指标的实际值

年份	城镇登记失业率/%	失业保险制覆盖率/%	失业保险金享受率/%	平均失业保险金/（元/人）	失业保险金人均结余/（元/人）	失业保险收入增速/%	失业保险支出增速/%	失业保险结余增速/%
2001	3.40	62.61	43.45	435.18	200.42	13.18	24.63	11.54
2002	3.67	61.57	50.76	401.25	230.21	20.58	33.56	9.67
2003	3.77	57.38	52.27	395.58	254.56	12.01	18.72	8.91
2004	3.82	54.90	50.69	423.14	272.32	11.92	13.85	11.76
2005	3.83	53.59	50.24	448.58	329.81	21.30	4.98	25.63
2006	3.83	51.86	42.22	465.73	410.52	9.57	−6.52	30.66
2007	3.76	52.11	36.84	515.86	540.55	20.95	−1.06	38.03

续表

年份	城镇登记失业率/%	失业保险制覆盖率/%	失业保险金享受率/%	平均失业保险金/（元/人）	失业保险金人均结余/（元/人）	失业保险收入增速/%	失业保险支出增速/%	失业保险结余增速/%
2008	3.74	49.44	31.05	734.89	686.74	24.07	26.78	32.98
2009	3.85	48.26	25.91	970.87	818.83	2.67	24.27	19.33
2010	3.71	51.09	26.59	1109.86	955.98	10.78	12.61	19.65
2011	3.64	48.48	21.34	1036.50	1239.87	34.38	−16.54	34.23
2012	3.53	50.24	17.97	1531.53	1503.68	27.02	27.20	31.27
2013	3.42	47.92	15.44	1952.18	1921.08	19.36	8.68	29.18
2014	3.35	46.93	15.33	2717.39	2307.08	15.75	50.72	24.94

其次，对评价指标进行无量纲化处理，得出标准化处理的值。U_{ij}表示第i年第j个指标，U^*_{ij}表示经过标准化处理的值。具体公式如下，结果如表4.19所示。

$$U^*_{ij}=(U_{ij}-\bar{U}_j)/S_j (i=1,2,\cdots,m;\ j=1,2,\cdots,n)$$

其中，

$$\bar{U}_j=\frac{1}{m}\sum_{i=1}^{m}U_{ij}$$

$$S_j=\sqrt[2]{\frac{\sum_{i=1}^{m}(U_{ij}-\bar{U}_j)^2}{m-1}}$$

表4.19　各指标消除量纲后的值

年份	城镇登记失业率	失业覆盖率	失业保险金享受率	平均失业保险金	失业保险金人均结余	失业保险收入增速	失业保险支出增速	失业保险结余增速
2001	−1.523	2.023	0.652	−0.719	−0.937	−0.516	0.504	−1.195
2002	0.014	1.813	1.173	−0.767	−0.893	0.389	1.016	−1.383
2003	0.590	0.966	1.281	−0.776	−0.857	−0.659	0.165	−1.459
2004	0.878	0.464	1.168	−0.736	−0.831	−0.669	−0.115	−1.173
2005	0.974	0.201	1.136	−0.700	−0.746	0.477	−0.623	0.223
2006	0.974	−0.150	0.565	−0.675	−0.626	−0.957	−1.283	0.730
2007	0.532	−0.098	0.181	−0.604	−0.434	0.434	−0.969	1.471
2008	0.427	−0.638	−0.231	−0.291	−0.217	0.816	0.627	0.962
2009	1.041	−0.876	−0.598	0.046	−0.022	−1.801	0.483	−0.411

续表

年份	城镇登记失业率	失业覆盖率	失业保险金享受率	平均失业保险金	失业保险金人均结余	失业保险收入增速	失业保险支出增速	失业保险结余增速
2010	0.273	−0.305	−0.549	0.245	0.181	−0.809	−0.186	−0.379
2011	−0.121	−0.833	−0.923	0.140	0.601	2.078	−1.857	1.089
2012	−0.803	−0.476	−1.163	0.847	0.991	1.177	0.651	0.791
2013	−1.437	−0.946	−1.344	1.448	1.609	0.241	−0.411	0.581
2014	−1.821	−1.146	−1.351	2.541	2.180	−0.202	2.000	0.153

再次，确定指标的权重。本书采用变异系数法。公式如下，计算结果如表 4.20 所示。

$$W_j=\frac{S_j}{\left|\overline{U}_j\right|}(j=1,\ 2,\cdots,\ n)$$

表 4.20　各评价指标的权重

指标	城镇登记失业率	失业覆盖率	失业保险金享受率	平均失业保险金	失业保险金人均结余	失业保险收入增速	失业保险支出增速	失业保险结余增速
W_j	0.047	0.094	0.409	0.746	0.811	0.470	1.100	0.425

最后，计算失业保险劳动力供给促进功能的综合评价值。如表 4.21 和图 4.5 所示，以此值来判断失业保险对劳动力供给的促进功能，其值越大，表示促进功能越强。

表 4.21　中部地区历年失业保险对劳动力供给促进功能的综合评价值

年份	综合评价值
2001	−2.129
2002	−0.969
2003	−2.378
2004	−2.623
2005	−1.883
2006	−3.048
2007	−1.513
2008	0.656
2009	−0.539
2010	−0.055
2011	0.057
2012	3.202
2013	2.720
2014	8.501

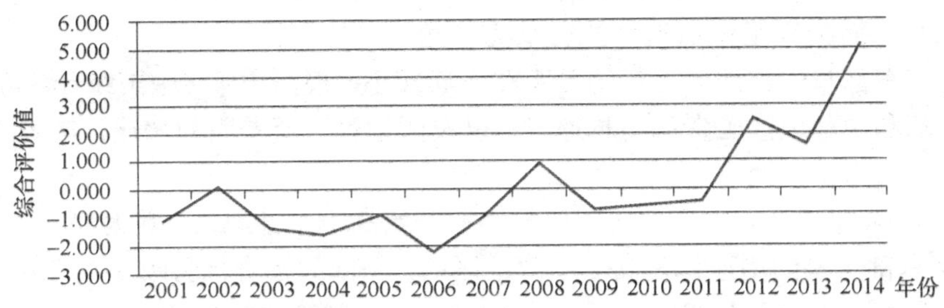

图 4.5　中部地区历年失业保险对劳动力供给促进功能的综合评价值

3. 计算结果分析

首先，失业保险促进劳动力供给的功能逐年增强。计算结果显示，2001～2014 年失业保险对劳动力供给的促进功能是不断增加的，2001 年的综合评价值为−2.129，2014 年则上升为 8.501。这主要是由于中部地区失业保障制度在近年不断地完善，并且开始在促进就业方面显示出作用。

其次，失业保险支出增速对劳动力供给的促进功能最强。从计算出的各指标权重来看，失业保险支出增速最大，为 1.100，说明该指标对综合评价值的影响较大。另外，通过失业保险支出增速与综合评价值的比较也可以看出，二者的变化方向基本上是一致的。2000～2006 年，失业保险支出增速是下降的，综合评价值也呈下降趋势；2007～2010 年，二者都呈先升后降趋势；2011～2014 年，失业保险支出增速呈快速上升趋势，综合评价值的上升趋势也比较明显。可见，随着中部失业保险支出的不断增加，失业保险对劳动力供给的促进功能越强。但是我国的失业保险主要用于失业人员生活的保障，这就限制了失业保险对劳动力供给的促进功能，失业保险支出应该更加倾向于职业培训、技能培训等方面，这样才能更好地发挥失业保险对劳动力供给的促进功能。

最后，失业保险金人均结余和平均失业保险金对劳动力供给的促进功能也比较强。在 8 个指标权重中，这两个指标的权重也比较大，仅次于失业保险支出增速。失业保险人均结余和平均失业保险金自 2000 年以来一直都呈现上升趋势，这说明我国失业保险金的规模在不断增加，对失业人员的保障功能在逐渐增强，进而对劳动力供给的促进功能也逐渐增强。

三、地区工资差异对劳动力数量供给的影响

东部、中部地区的工资差异导致中部地区的劳动力大量涌入东部地区。我国从 20 世纪 80 年代开始，中西部大量农村剩余劳动力流向东部地区，即出现“民工潮”现象。之所以出现“民工潮”，一方面是由于东部沿海地区可以提供大量的工作机会；另一方面是东部地区的工资水平远高于中西部地区，所以吸引了大量的农村劳动力。中部农村劳动力涌入东部地区，增加了东部地区的劳

动力供给，而减少了中部地区的劳动力供给。

近年东部与中部地区工资的差距在不断减小。根据历年《中国统计年鉴》，计算出东部和中部地区工资的增长速度，以及两地区工资差距的增速，如表 4.22 所示，可以看出以下两点。

1）2004 年之后，中部地区工资的增速开始高于东部地区。数据显示，1980～2003 年东部工资的增速都是高于中部地区的，东部的工资优势吸引众多中部劳动力，大量劳动力涌入东部地区。如图 4.6 所示，2004～2014 年东部地区工资的增速开始低于中部地区，中部地区的工资水平开始大幅度地上升，东部的工资优势开始弱化。

2）2004 年之后东部与中部地区工资的差距开始减小。数据显示出，1980～2003 年东部与中部工资差距的增速一直在上升，如图 4.7 所示，东部与中部工资的差距呈增加趋势；2004～2014 年两地区工资差距的增速开始下降，2004 年为 73.82%，2014 年则为 47.91%，即虽然两地区工资差距依然在扩大，但是增长速度慢了很多。

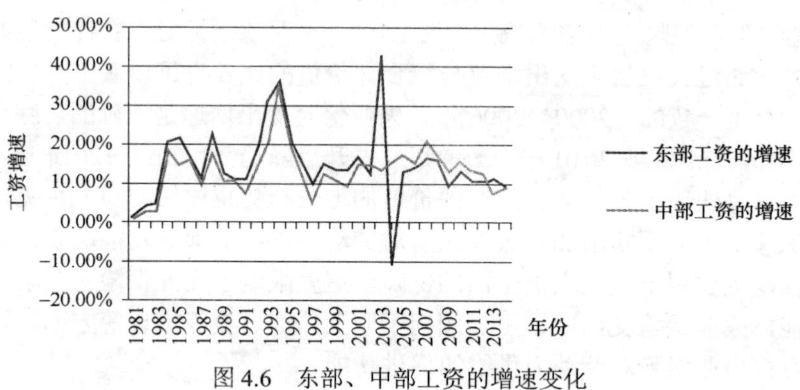

图 4.6　东部、中部工资的增速变化

图 4.7　东部与中部工资差距的增速变化

表 4.22　历年东部、中部地区工资的增速（%）

年份	东部工资的增速	中部工资的增速	东部、中部工资差距的增速
1981	1.37	0.81	7.03
1982	4.21	2.78	8.53
1983	4.74	3.01	10.35
1984	20.42	18.12	12.49
1985	21.83	14.88	19.29
1986	16.25	15.99	19.56
1987	10.44	9.56	20.53
1988	22.61	17.71	25.54
1989	12.66	10.13	28.42
1990	10.97	10.86	28.56
1991	11.09	7.50	32.85
1992	18.89	14.83	37.54
1993	31.06	20.56	49.53
1994	36.22	34.84	51.06
1995	20.63	19.29	52.75
1996	13.96	10.84	57.06
1997	9.69	5.01	64.05
1998	15.41	12.76	67.91
1999	13.81	10.77	72.52
2000	13.55	9.45	78.98
2001	16.61	15.32	80.99
2002	12.94	14.84	77.99
2003	42.91	13.57	123.97
2004	−10.38	15.47	73.82
2005	13.18	17.72	67.12
2006	14.09	15.38	65.25
2007	16.55	21.10	59.04
2008	15.88	17.06	57.44
2009	9.49	13.03	52.50
2010	13.32	15.65	49.43
2011	10.38	13.56	45.25
2012	10.47	12.65	42.44
2013	11.20	7.44	47.44
2014	9.37	9.02	47.91

东部与中部工资的差距减小，中部农民工外流减缓。一方面，东部与中部工资的差距逐年减小；另一方面，中部产业承接带来了更多的就业机会，二者促使中部地区农民工外出的减少，进而减缓了中部地区农民工的外流。

如表 4.23 所示，中部地区农民工跨省流动的比例逐年减少。2008 年中部地区农民工省内流动占比为 29%，以后逐年上升，2014 年则上涨至 37.2%，与此相反，出省的农民工比例却不断减小。

表 4.23　中部地区农民工区域流动占比（%）

年份	跨省流动	省内流动
2008	71	29
2009	69.4	30.6
2010	69.1	30.9
2011	67.2	32.8
2012	66.2	33.8
2013	62.5	37.5
2014	62.8	37.2

以河南省为例，如表 4.24 所示，河南省不仅整体转移就业人数增长率减少，而且省内转移人数增长率自 2005 年以来一直高于省外。2005～2008 年河南省转移的就业人数增长率一般在 11%左右，2009 年开始减少，2013 年仅为 3.5%；并且省内转移人数增长率一直高于省外输出人数。

表 4.24　河南省历年农村劳动力转移增长率（%）

年份	转移就业人数增长率	省内转移人数增长率	省外输出人数增长率
2004	7.71	—	—
2005	10.35	−19.16	29.95
2006	12.14	28.26	5.33
2007	11.11	24.75	4.18
2008	11.08	28.53	0.42
2009	4.78	7.82	2.67
2010	4.65	11.96	−1.38
2011	4.32	11.03	−2.06
2012	4.26	14.43	−6.55
2013	3.50	4.96	1.80

可见，近年由于工资差距的减小，中部工作机会的增加，中部地区农民工外流减缓，某种程度上增加了中部地区农民工的供给。

中部地区城市中外埠人员和本地农民求职人数近年也呈递增趋势。如表 4.25 所示，在中部各大城市劳动力市场中，总体来看，外埠人员和本地农民的求职人数从 2005 年开始上升，2008 年和 2009 年有所回落，2012 年之后又一次呈上升趋势。总体来看，近年，外埠人员和本地农民在劳动力市场上无论是总量还是比例，都呈上升趋势，即在中部劳动力市场中农民工的供给人数增加。

表 4.25 中部城市劳动力市场外埠人员和本地农民求职人数的变化[①]（人）

年份	合肥	武汉	太原	萍乡	武汉	长沙	郑州	总体
2002	122	15 867	0	480	15 867	1 974	1 766	36 075
2003	0	7 781	0	—	7 781	—	5 793	21 354
2004	1 108	13 425	0	532	13 425	4 890	5 789	39 168
2005	1 075	9 882	413	2 017	9 882	6 942	10 680	40 892
2006	2 010	13 428	378	5 343	13 428	11 051	17 386	63 022
2007	14 981	30 416	378	4 683	30 416	9 146	21 449	111 468
2008	8 757	25 395	264	4 020	25 395	10 112	24 525	98 467
2009	12 882	—	565	8 421	—	16 137	31 480	69 485
2010	21 984	—	2 002	5 321	—	22 303	26 007	77 617
2011	27 714	—	2 186	5 961	—	31 166	10 981	78 007
2012	9 642	9 090	3 675	7 541	9 090	18 158	9 809	67 004
2013	12 973	15 475	3 012	4 992	15 475	26 647	19 918	98 491
2014	17 385	13 243	2 813	4 211	13 243	38 465	8 650	98 009

① 数据根据各城市发布的人力资源市场职业供求状况分析报告整理而得。

第五章　中部地区劳动力垂直效应的实证分析

第一节　中部地区劳动力质量现状

一、人均受教育年限不断增加

中部地区的人均受教育年限近年不断提高。根据历年《中国人口与就业统计年鉴》，如表5.1所示，人均受教育年限可以表示出不同区域就业人口的受教育程度情况。2006年中部地区人均受教育年限为7.88年，到了2014年中部地区人均受教育年限为8.64年，达到初中水平，在不到10年的时间内提高了近1年。

表5.1　中部历年的人均受教育年限（年）

年份	中部	年份	中部
2006	7.88	2011	8.48
2007	8.02	2012	8.54
2008	8.10	2013	8.65
2009	8.18	2014	8.64
2010	7.74	—	—

从增速来看，中部地区的人均受教育年限增长较快。如表5.2所示，2006～2014年全国人均受教育年限从7.88年增至8.63年，年均增长0.083年；而中部地区年均增长了0.085年，东部和东北部增长了0.077年、0.065年。中部地区的人均受教育年限年均增长略高于全国平均水平、东部及东北地区。可见，近年我国开始注重中西部地区的教育问题。

表5.2　全国不同地区2006～2014年的人均受教育年限的增长情况（年）

地区	全国	东部	中部	东北	西部
增加年限	0.750	0.692	0.761	0.585	0.837
年均增量	0.083	0.077	0.085	0.065	0.093

具体到中部六省来看，根据历年《中国人口与就业统计年鉴》，2014年人均受教育年限最高的省份是山西省，最低的安徽省。如表5.3所示，和其他省份相比，山西省的人均受教育年限本来就较高，2006年为8.47年，高出安徽省1年以上。而安徽省2014年的人均受教育年限仅为8.38年，是六省中最低的。

表 5.3　中部地区不同省份的人均受教育年限（年）

年份	安徽	江西	河南	湖北	湖南	山西
2006	7.29	7.60	7.97	8.04	8.03	8.47
2007	7.24	8.02	8.10	8.18	8.23	8.53
2008	7.41	8.06	8.22	8.24	8.23	8.56
2009	7.56	8.30	8.25	8.26	8.27	8.61
2010	7.16	7.64	7.82	7.77	7.96	8.18
2011	8.06	8.49	8.46	8.66	8.54	8.86
2012	8.19	8.57	8.45	8.77	8.47	9.03
2013	8.23	8.89	8.51	8.92	8.65	8.95
2014	8.38	8.59	8.64	8.71	8.69	8.94

从增速来看，安徽省、江西省的提高速度较快。安徽省虽然在各年中人均受教育年限在中部是最低的，但是其增速最快，年均增长 0.121 年，远高于中部的平均增长速度 0.085 年。江西省同安徽省的情况一样，人均受教育年限较低，但是近年增速高于其他省份。山西省从增速来看，与其他省份相比提高速度较慢，年均增长 0.051 年，低于中部的平均水平 0.085 年，其他省份的年均增速在 0.075 左右。

二、从业人员的教育结构得到较大改善

中部地区从业人员的教育结构有较大的改善。如表 5.4 和表 5.5 所示，2006 年，中部地区初中及以下从人员占全部从业人员的比例为 82.9%，2014 年则下降为 67.8%，其中小学学历人员的比例下降最多，由 2006 年的 29.1%下降为 16.2%。大专及以上学历的比例 2006 年仅为 5.8%，2014 年上升至 13.8%。总之，中部地区从业人员教育结构的改善一方面是小学及以下从业人员比例的减少，合计减少了 17.3%；另一方面是高中大专从业人员比例的增加，合计增加了 11.8%。

表 5.4　2006 年不同地区从业人员的教育结构（%）

地区	未上过学	小学	初中	高中	大学专科	大学本科	研究生及以上
全国	6.7	29.9	44.9	11.9	4.3	2.1	0.2
东部	4.1	22.3	44.0	16.8	7.0	5.0	0.7
东北	2.1	26.0	49.7	14.4	5.0	2.6	0.2
中部	6.5	29.1	47.3	11.3	3.8	1.8	0.2
西部	14.3	36.0	35.1	8.9	3.9	1.6	0.1

表 5.5　2014 年不同地区从业人员的教育结构（%）

地区	未上过学	小学	初中	高中	大学专科	大学本科	研究生及以上
全国	1.8	18.1	46.7	17.2	9.3	6.2	0.5
东部	1.1	12.6	41.5	19.6	12.5	11.3	1.5
东北	0.6	16.6	54.2	14.1	8.0	6.1	0.4
中部	2.1	16.2	49.5	18.3	8.6	4.8	0.4
西部	4.7	27.0	41.2	13.4	8.3	5.1	0.3

第二节　中部地区劳动力质量垂直效应测度

劳动力质量的提高会导致劳动效率提高，促进经济增长，这种效应称为劳动力的垂直效应。劳动力的垂直效应也可以理解为通过教育等人力资本投资导致的劳动效率提高。劳动力的质量越高，对经济发展的作用就越大。而我国劳动力的质量随着我国教育事业的发展，得到不断提升，对经济增长的贡献也越来越大。

一、劳动力质量的总体垂直效应不断增加

由上一节的分析可以看出，中部地区的劳动力质量有着长足的提高，那么它对经济增长的贡献在不同阶段有什么不同呢？为了衡量中部地区的劳动力质量对经济增长的贡献，比较不同阶段劳动力质量的经济贡献，我们利用柯布道格拉斯函数，但是由于数据的局限性，只考虑劳动力质量与 GDP 的关系。劳动力质量的数据来源于中央财经大学中国人力资本与劳动经济研究中心发布的历年人力资本数据，GDP 来源于各年《中国统计年鉴》。利用 SPSS 软件，做一元回归模型，回归结果如下。

通过对 1985～1998 年、1999～2012 年、1985～2012 年 3 个不同阶段的回归分析，三阶段模型的回归分析，R^2 均在 0.97 以上，方程均通过 F 检验，系数通过 T 检验。如表 5.6 所示，1985～2012 年的劳动力质量拟合系数为 1.15，1985～1998 年为 1.13，1999～2012 年为 1.52。可见，劳动力质量对 GDP 的贡献在两个阶段有明显的差异，近年劳动力质量对 GDP 的贡献不断增加，即劳动力的垂直效应越来越明显。

表 5.6　中部地区的劳动力质量 GDP 贡献回归结果

年份	LnL 拟合系数	R^2	调整后的 R^2	方差检验 F
1985～1998	1.13	0.978	0.977	633.97
1999～2012	1.52	0.994	0.994	1753.596
1985～2012	1.15	0.989	0.988	2246.589

二、三次产业劳动力供给垂直效应分析

根据各省第五次、第六次人口普查资料，首先，三次产业就业人员中初中学历的人员占比最高。如表 5.7 所示，三次产业就业人员的教育结构中初中学历占比最高，初中学历就业人数占全部就业人数的 52.86%。

表 5.7　2010 年中部地区不同产业就业人员的教育结构（%）

产业	未上过学	小学	初中	高中	大学专科	大学本科	研究生
第一产业	6.02	31.93	54.63	6.83	0.50	0.08	0.01
第二产业	0.79	12.85	59.61	18.47	5.87	2.26	0.14
第三产业	0.60	7.32	42.85	25.45	14.96	8.11	0.71
总计	3.69	22.29	52.86	13.56	4.99	2.41	0.20

其次，第三产业的学历结构优于其他产业。从数据中可以看出，第一产业中小学学历占比较高；第二产业中初中学历占比最高，其初中、高中学历就业人数占比均高于第一产业；第三产业中高中以上学历就业人数占比高于第一、第二产业。从就业人员的学历结构来看，第三产业的学历结构优于其他两产业。

最后，初中学历增量人员主要进入第二产业，高中以上学历增量人员重点进入第三产业。和 2000 年相比，2010 年小学及未上过学的就业人数呈下降状态，分别减少了 716 748、1765 743 人；初中学历的就业人数增加最多，共计增加了 1675 718 人，其次是高中，增加了 435 457 人，再依次是大学专科、本科和研究生（见表 5.8）。

表 5.8　2000～2010 年不同学历增加的就业人数在不同产业中的分配（%）

产业	未上过学	小学	初中	高中	大学专科	大学本科	研究生
第一产业	98.31	112.74	−22.61	8.04	8.88	2.32	2.79
第二产业	−0.42	−9.03	69.44	39.59	25.56	18.76	15.18
第三产业	2.11	−3.71	53.17	52.37	65.56	78.93	82.02
总计增加人数/人	−716 748	−1765 743	1675 718	435 457	420 649	282 770	29 761

增加的不同学历的就业人员进入了哪些产业呢？或者说优化了哪些产业的人力资本呢？如表 5.8 所示，增加的初中学历的人员 69.44%在第二产业就业，53.17%的人员在第三产业就业，第一产业中初中学历的增量为负数，表示部分初中人员从第一产业流出，流入第二、第三产业。增加的高中学历的就业人员 52.37%在第三产业就业，39.59%的人员在第二产业就业。增加的大学专科、大学本科、研究生主要在第三产业就业，增加的大学专科学历人员的 65.56%在第三产业就业，增加的大学本科学历的人员 78.93%在第三产业就业，82.02%的增

量研究生在第三产业就业。

由此可见，增加的初中学历的人员主要进入了第二产业，和 2000 年相比，第二产业的小学学历就业人员占比下降，初中就业人员占比上升，即优化了第二产业的就业人员教育结构。增加的高中就业人员则主要进入第三产业就业，而增加的大学专科、本科、研究生 60%以上在第三产业就业。这些人员的进入使得第三产业的就业学历结构有了极大的改善，和 2000 年相比，2010 年第三产业的大学专科及大学本科就业人数比例有了极大的提高（见表 5.9）。

表 5.9　2000 年中部地区不同产业就业人员的教育结构（%）

产业	未上过学	小学	初中	高中	大学专科	大学本科	研究生
第一产业	9.98	39.74	45.14	5.02	0.10	0.01	0.00
第二产业	1.31	15.53	50.88	25.25	5.46	1.53	0.04
第三产业	1.57	9.57	36.50	33.27	14.11	4.81	0.23

但是从产业对不同学历人员的吸纳力来看，中部地区的第二产业主要吸纳初中学历以下人员，而对高中以上学历人员的吸纳力较弱，那么可以推断出中部地区的第二产业由于人员素质不高，存在产业层次低下、技术含量低、发展潜力较小等问题，中部第二产业的产业层次有待于进一步提高。大专以上学历的人员主要进入第三产业，可见第三产业对高学历人员的吸纳力较强，那么可以给我们的启示是，要解决大学生就业难问题，应该大发展第三产业。

三、不同行业劳动力供给垂直效应分析

根据各省第五次、第六次人口普查资料，首先，采矿业，制造业，建筑业，交通运输、仓储和邮政业，批发零售业与住宿餐饮业传统行业的就业人员的学历结构较低。如表 5.10 所示，这些行业的就业人员中，小学、初中学历的人员占比较大，如采矿业、制造业及建筑业的小学、初中学历人员占比分别为 64.62%、70.68%和 82.37%，占比高于其他行业；第三产业中交通运输、仓储和邮政业，批发零售与住宿餐饮业等行业的小学、初中学历的人员占比较大，而这些行业一般属于传统服务业。由此可以进一步得出结论，中部地区的第二产业及传统服务业的就业人员以小学、初中学历为主，也可理解为对低层次劳动力就业的吸纳力较强。

其次，金融业，房地产业，卫生、社会保障和社会福利业，教育、文化、体育和娱乐业，公共管理和社会组织第三产业的就业人员以大学大专及以上学历为主。金融业大专及以上学历的就业人员占比为 57.14%，卫生、社会保障社会福利业大专及以上学历的就业人员占比为 52.87%，教育、文化、体育和娱乐业大专及以上学历的就业人员占比为 63.61%，公共管理和社会组织中大专及以上学历的就业人员占比为 57.90%。金融业和房地产业属于新兴服务业，其余 3 个行业属于社

会性服务业，社会性服务业主要吸纳高学历人员就业，但是在前面的研究中，社会性服务业吸纳劳动力的数量在减少，这样造成中部经济对高学历人员的吸纳力不断减弱。

表 5.10 2010 年中部地区不同行业就业人员的教育结构（%）

行业	未上过学	小学	初中	高中	大学专科	大学本科	研究生
农、林、牧、渔业	6.02	31.93	54.63	6.83	0.50	0.08	0.01
采矿业	0.47	9.81	54.81	23.87	8.09	2.81	0.14
制造业	0.67	11.55	59.13	20.02	6.16	2.31	0.17
电力、燃气及水生产和供应业	0.16	3.52	29.16	34.82	22.06	9.75	0.53
建筑业	1.16	17.31	65.06	12.17	3.00	1.24	0.06
交通运输、仓储和邮政业	0.50	8.36	58.27	24.65	6.19	1.95	0.09
科学研究、技术服务和地质勘查业	1.28	9.17	28.48	24.16	19.30	15.14	2.46
批发零售与住宿餐饮业	0.71	9.52	54.61	25.88	7.21	1.99	0.08
金融业	0.05	1.16	13.57	28.08	34.47	21.29	1.38
房地产业	0.76	7.12	33.69	29.22	19.76	9.02	0.43
社会服务业	1.12	9.60	48.42	24.09	10.97	5.41	0.40
卫生、社会保障和社会福利业	0.19	2.10	15.59	29.25	35.42	15.89	1.56
教育、文化、体育和娱乐业	0.20	1.92	13.00	21.28	32.28	27.62	3.71
公共管理和社会组织	0.21	1.93	13.32	26.64	34.84	21.73	1.33

最后，对比 2000 年，2010 年增加的初中、高中学历的人员主要流入制造业、建筑业、批发零售与住宿餐饮业，增加的大学本科及以上学历的人员重点流入房地产业、金融业及社会服务业。如表 5.11 所示，一方面，中部地区增加的初中人员中 37.71%流入制造业，29.92%流入建筑业，37.11%的人员流入中批发零售与住宿餐饮业；而增加的高中学历人员，20.24%、16.33%、64.48%分别流入制造业、建筑业、批发零售与住宿餐饮业，和初中学历相比，更多高中学历的人员流入批发零售与住宿餐饮业。

表 5.11 不同学历增加的就业人数在不同行业中的分配（%）

行业	未上过学	小学	初中	高中	大学专科	大学本科	研究生
农、林、牧、渔业	98.31	112.74	−22.61	8.04	8.88	2.32	2.79
采矿业	0.35	0.97	1.87	4.06	3.26	1.84	1.12

续表

行业	未上过学	小学	初中	高中	大学专科	大学本科	研究生
制造业	0.28	−3.65	37.71	20.24	15.02	10.91	10.53
电力、燃气及水生产和供应业	0.02	0.05	−0.06	−1.03	2.74	2.64	1.71
建筑业	−1.07	−6.40	29.92	16.33	4.54	3.37	1.83
交通运输、仓储和邮政业	0.07	−0.19	8.66	8.93	4.27	2.44	1.41
科学研究、技术服务和地质勘查业	−0.13	−0.37	0.95	1.21	1.80	1.81	5.67
批发零售与住宿餐饮业	1.55	−2.71	37.11	64.48	25.11	11.55	4.51
金融业	0.02	−0.02	0.28	−1.02	3.61	6.36	4.30
房地产业	−0.05	−0.23	1.14	2.96	2.30	1.90	0.84
社会服务业	0.35	−0.40	5.20	6.67	6.75	7.05	5.23
卫生、社会保障和社会福利业	0.06	0.04	0.01	−4.63	9.78	7.87	9.37
教育、文化、体育和娱乐业	0.10	−0.01	0.14	−22.13	1.23	17.60	34.95
公共管理社会组织	0.15	0.16	−0.32	−4.11	10.70	22.33	15.74

另一方面，大学本科和研究生学历的增量人员 15.31%、10.37%流入房地产业、金融业和社会服务业，其中流入教育、文化、体育和娱乐业，公共管理社会组织的比例较大。大学大专学历增量人员较大比例流入到制造业和批发零售与住宿餐饮业。

近 10 年来，由于不同学历人员在不同行业就业的变化，造成行业就业人员教育结构的变化（见表 5.12）：①与 2000 年相比，2010 年中部地区的制造业、建筑业、批发零售与住宿餐饮业中，初中学历人员不仅总量增加了不少，比例也增加了不少。由于初中、高中低层次人员主要进入制造业、建筑业及批发零售与住宿餐饮业，亦可以理解为这些行业对低层次人员的就业吸纳力较强，而对高层次人员的吸纳力较弱，行业本身存在层次低、技术含量低等问题。②与 2000 年相比，2010 年中部地区的房地产业、金融业以及社会服务业的大学专科以上学历人员的就业人数和就业比例的增加幅度较大。近年来大学本科以上学历增量人员则主要流入新兴服务业及社会性服务业，一方面是由于这些行业对高层次人员的就业吸纳力较强；另一方面，社会性服务业尤其是教育文化业以及公共管理和社会组织大多是事业机关单位，这些单位属于体制内就业单位，拥有完善的社会保障制度、稳定的收入水平和较高的社会地位，所以进入门槛较高，受到高学历人员的偏爱。

表 5.12　2000 年中部地区不同行业就业人员的教育结构（%）

行业	未上过学	小学	初中	高中	大学专科	大学本科	研究生
农、林、牧、渔业	9.98	39.74	45.14	5.02	0.10	0.01	0.00
采矿业	1.73	19.80	52.67	21.09	3.62	1.06	0.02
制造业	1.27	14.33	50.75	26.61	5.48	1.51	0.04
电力、燃气及水的生产和供应业	0.32	4.73	33.24	42.95	13.20	3.50	0.09
建筑业	1.37	20.62	55.47	16.87	3.70	1.06	0.02
交通运输、仓储和邮政业	0.89	11.97	52.87	28.01	4.97	1.26	0.03
科学研究、技术服务和地质勘查业	0.47	3.81	20.50	34.97	20.81	18.04	1.13
批发零售与住宿餐饮业	2.91	15.97	50.92	25.76	3.96	0.69	0.03
金融业	0.23	1.32	13.63	45.36	30.58	8.41	0.40
房地产业	0.81	4.89	24.66	40.89	22.39	5.03	0.29
社会服务业	2.64	12.83	46.85	28.25	7.62	1.71	0.09
卫生、社会保障和社会福利业	0.50	3.12	19.82	49.71	20.04	6.67	0.28
教育、文化、体育和娱乐业	0.36	1.74	11.41	44.42	28.52	12.77	0.76
公共管理社会组织	0.57	3.22	18.10	38.20	30.53	9.07	0.32

第三节　中部地区劳动力垂直效应的影响因素

一、教育经费投入水平较低

教育投资对于劳动力质量来说非常重要。教育经费充足的地区，劳动力质量提升较快，相反，教育经费不足的地区，会直接影响该地区的劳动力质量。而我国现有财政体制下，教育经费大多数是由地方政府投入的，如 2013 年我国国家财政性教育经费中，中央财政投入仅占 8.33%，而地方财政占了 91.67%。

中部地区人均教育经费水平较低。如表 5.13 所示，从数据来看，2013 年我国人均教育经费平均水平为 2045.66 元，中部地区仅为 1766.58 元，不仅低于全国平均水平，而且低于东部、东北和西部地区，是几大地区中最低的，和东部地区平均水平相比相差了 536.93 元，如果和北京、上海等发达地区相比，差距则更大：2013 年北京人均教育经费为 4727.81 元，上海为 3755.34 元，天津为 3871.47 元。北京、上海、天津的人均教育经费基本上是中部地区的 2 倍，中部地区的教育投入低于东部地区，更低于北京、上海这些发达地区，中部地区的教育投入需要进一步增加。

从增速来看，中部地区人均教育经费的增速较快，但是依然低于西部地区。如表 5.13 所示，人均教育经费全国平均增速为 29.62%，东部最低为 23.10%，中部地区为 31.11%，而西部却高达 40.83%，可见虽然中部地区人均教育经费在量上是属于全国最低水平，但近年来的增加速度还是比较快的，然而增速依然低于西部地区。

表 5.13　我国历年各地区的人均教育费用（元）

地区	全国	东部	中部	东北	西部
2013 年	2045.66	2303.51	1766.58	1893.96	2079.78
2011 年	1598.22	1823.90	1394.74	1544.85	1588.53
2010 年	1297.89	1502.19	1110.04	1253.93	1296.78
2009 年	969.03	1154.50	853.04	998.76	901.43
2007 年	816.28	1027.91	707.32	828.63	706.50
2006 年	658.31	859.26	564.03	669.04	539.03
2004 年	557.17	751.16	462.84	584.01	439.34
2003 年	480.42	650.60	399.52	509.72	378.73
年增速	29.62%	23.10%	31.11%	24.69%	40.83%

中部六省内部人均教育经费的差别很大。如表 5.14 所示，中部六省中山西省的人均教育经费最高，湖北省最低。从增速来看，湖北省不仅总量低，增长速度也是六省中最低的，年均增长 22.54%；河南省的人均教育经费增速较快，为 48.05%，所以在 2006 年河南省的人均教育经费是六省中最低的省份，但是由于增速较高，到 2014 年其人均教育经费高于湖北省和湖南省。另外，安徽省和江西省的增速也比较高。

表 5.14　中部地区历年的人均教育经费（元）

地区	安徽	江西	河南	湖北	湖南	山西
2013 年	1726.93	1832.09	1654.79	1547.21	1611.90	1905.96
2011 年	1369.30	1405.36	1259.17	1188.61	1211.05	1529.22
2010 年	1005.74	1007.25	968.71	1024.66	988.97	1261.35
2009 年	715.01	752.04	691.63	790.14	790.83	971.13
2007 年	564.13	652.42	586.97	647.31	660.32	781.08
2006 年	454.29	510.15	445.00	510.27	526.42	651.49
2004 年	355.86	365.55	308.68	523.96	406.69	464.42
2003 年	297.73	317.32	263.26	444.63	353.38	393.71
年增速	43.64%	43.40%	48.05%	22.54%	32.38%	34.92%

二、人均受教育年限不高

根据历年《中国人口与就业统计年鉴》，2014 年中部地区的人均受教育年限为 8.64 年，还未达到高中水平，和全国平均水平持平。和全国其他其他地区相比，仅高于西部地区，低于东部和东北地区。另外也低于北京、上海等发达地区，2014

年北京的人均受教育年限为10.35年，上海为9.76年，天津为9.62年，广东省为8.95年，江苏省为8.83年，很显然，中部地区低于这些发达地区（见表5.15）。

表5.15　历年全国不同区域的人均受教育年限（年）

年份	全国	东部	中部	东北	西部
2014	8.63	8.85	8.64	9.04	8.19
2013	8.64	8.87	8.65	9.13	8.18
2012	8.57	8.81	8.54	9.00	8.14
2011	8.50	8.74	8.48	8.86	8.07
2010	7.57	7.79	7.74	7.83	7.16
2009	8.16	8.44	8.18	8.66	7.64
2008	8.08	8.34	8.10	8.61	7.56
2007	8.00	8.27	8.02	8.55	7.49
2006	7.88	8.16	7.88	8.46	7.35

中部从业人员中大专以上学历人员所占的比例偏低。尽管随着社会的发展，中部地区的教育取得了巨大的进步，但是和发达省份相比差距还是很明显的。2014年中部大专以上学历从业人员的比例为13.8%，而北京为55.87%，上海为42.86%，天津为34.14%。也就是说，北京的从业人员一半以上为大专以上学历，可见中部地区大专以上学历从业人员的比例是相当低的。

中部从业人员中初中以下学历人员占比过高。2014年中部地区初中以下学历从业人员占比为 67.9%，比例相当高，初中以下学历从业人员占比过高不是中部的特有现象，是我国各地区普遍存在的现象，如东部平均为 55.2%，其中广东省为60.5%，海南省为63.4%，江苏省为63%，浙江省为61.5%。

从业人员的教育结构是由该地区的产业结构和教育水平决定的。从产业结构来看，我国产业结构水平偏低，处于国际产业分工的低端，主要吸纳低素质人员，所以从业人员中初中以下学历人员占比较高。从教育水平来看，我国人均受教育年限在8年左右，即初中水平，大专以上学历人员较少，低素质的劳动力不能支撑高端的产业结构。从北京、上海等发达地区来看，这些地区一方面是高端人才的集中地；另一方面处于全国产业链的高端。所以说，产业结构的提高需要高端人力资本的支撑，而高端人力资本又是产业结构升级的必要条件，二者相辅相成。中部地区的产业结构低端，劳动力水平低，产业与劳动力处于低水平的均衡，打破这种均衡需要在产业和劳动力两方面用力，并且需要较长时间。

三、产业结构转换滞后制约劳动力垂直效应的发挥

产业结构转换滞后制约劳动力垂直效应的发挥。劳动力只有参与就业才能为

国民经济做贡献，即才能发挥水平效应和垂直效应。但是近年来我国普遍出现大学生就业难的现象，大量高校毕业生找不到工作。大学生属于高素质劳动力，如果能就业就可以为社会做出更大贡献，但是大学生就业难一直困扰着我国乃至中部地区。造成大学生就业难，导致我国高素质劳动力不能发挥垂直效应的主要原因是产业结构升级的滞后。下面以河南省为例来说明。

制造业增长迅速，但是对高素质劳动力的吸纳力减小。根据历年河南投入产出表和河南省人口普查资料，制造业行业增加值的比例上升幅度较大。如表 5.16、表 5.17 所示，制造业在 2002 年的增加值占全部行业的 35.29%，2012 年则增加至 42.15%，其增幅是行业中增加最大的。但是其吸纳高校毕业生的能力却在下降，2002 年制造业吸纳的高校毕业生占全部行业的 13.03%，2012 年则下降为 11.73%。

表 5.16　不同行业的增加值比例变化情况（%）

行业	2002 年	2012 年	行业	2002 年	2012 年
农、林、牧、渔业	19.11	12.74	金融业	2.03	3.42
采矿业	5.24	6.61	房地产业	2.85	3.52
制造业	35.29	42.15	社会服务业	3.86	3.14
电力、燃气及水的生产和供应业	2.82	1.98	科学研究、技术服务和地质勘查业	0.90	0.95
建筑业	6.43	5.59	卫生、社会保障和社会福利业	1.22	1.07
交通运输、仓储和邮政业	6.22	3.90	教育、文化、体育和娱乐业	2.44	3.09
批发和零售业、住宿餐饮业	8.71	9.38	国家机关、政党机关和社会团体	2.89	2.48

表 5.17　不同行业高校毕业生就业比例的变化（%）

行业	2002 年	2012 年	行业	2002 年	2012 年
农、林、牧、渔业	2.83	6.80	金融业	5.39	4.36
采矿业	1.72	2.44	房地产业	0.80	1.18
制造业	13.30	11.73	社会服务业	2.91	4.66
电力、燃气及水的生产和供应业	2.55	2.43	科学研究、技术服务和地质勘查业	2.89	2.24
建筑业	2.00	2.78	卫生、社会保障和社会福利业	7.16	7.73
交通运输、仓储和邮政业	3.34	3.36	教育、文化、体育和娱乐业	25.01	19.83
批发和零售业、住宿餐饮业	5.85	13.19	国家机关、政党机关和社会团体	22.91	17.89

2012 年制造业的增加值占行业的近一半，但是其高校毕业生就业占比仅为 11.73%。这进一步说明了虽然近 10 年来，河南省的制造业发展较快，但是制造业的扩张只是规模上的，而不是质量上的提升，所以造成制造业的增加值比例不断提高，但是吸纳高素质劳动力的能力却在下降。

从就业乘数来看，制造业的高校毕业生就业乘数比较低。利用河南 2012 年投入产出表和第六次人口普查资料，可以计算出各行业大专以上学历人员的就业乘数。所谓就业乘数，是指各行业对劳动力的吸纳能力，其值越高说明吸纳能力越强。如表 5.18 所示，制造业对高校毕业生的就业乘数仅为 0.001[①]，仅高于房地产业，低于其他所有行业。由此进一步说明了河南省制造业对高素质劳动力的吸纳力较低。而这主要是由于制造业处于产业链的低端，主要参与加工环节，而很少参与产品的设计、研发、销售、推广等环节，因此吸纳了较多低素质劳动力。这就造成中部地区随着产业的转移，“民工荒”问题日渐严重，而同时产生大学生就业难问题，大量的高校毕业生无法顺利就业，直接影响到中部地区劳动力垂直效应的发挥。

表 5.18　2012 年不同行业对高校毕业生的就业乘数

行业	高校毕业生就业乘数	行业	高校毕业生就业乘数
农、林、牧、渔业	0.0013	金融业	0.0033
采矿业	0.0012	房地产	0.0005
制造业	0.0010	租赁和商务服务	0.0036
电力、燃气及水的生产和供应业	0.0048	科学研究和技术服务	0.0055
建筑	0.0018	水利、环境和公共设施管理	0.0072
批发和零售	0.0026	居民服务、修理和其他服务	0.0025
交通运输、仓储和邮政	0.0026	教育	0.0132
住宿和餐饮	0.0014	卫生和社会工作	0.0217
信息传输、软件和信息技术服务	0.0041	文化、体育和娱乐	0.0106

四、劳动力市场体制分割抑制劳动力垂直效应的发挥

四大社会服务业对高素质人员的就业吸纳力较强。科学研究、技术服务和地质勘查业，卫生、社会保障和社会福利业，教育、文化、体育和娱乐业，国家机关政党机关和社会团体四大行业属于社会服务性行业。这四大行业 2012 年吸纳的高校毕业生占全部行业的 57.97%，而其增加值比例仅为 7.59%。这一方面说明这些行业对高校毕业生的吸纳力较强；另一方面说明这些行业的增加值结构与就业结构有较大偏差，其劳动生产效率不高，迫切需要转移出劳动力。这些行业大多属于事业机关单位，属于体制内就业。那么什么是体制内外就业呢？

体制内就业是指以国有、集体企业和政府机关等为主体的职工的终身就业制，在所有制上他们属于公有（李强，2011）。一旦在体制内就业，就业人员的医疗、住房、保障、养老、子女入学等都被单位承包了；而体制外就业是指国有企业及机关事业单位以外的非公有制单位的从业人员，这些就业人员大多感觉工作压力

① 由于篇幅有限，不再赘述就业乘数的计算公式。

大，职业稳定性差，社会保障不全面。正是由于体制内外就业在收入、社会保障、社会声望地位等方面的差异，致使更多的人倾向于选择在体制内就业。

为了进一步了解体制内外就业的差异，本书对中部地区工作10年以上的垄断性企业、机关事业单位、一般竞争性企业、自主创业人员的就业现状进行了调查。调查结果如下。

1. 体制内、外就业的稳定性差异很大：体制外就业稳定不足灵活有余，体制内就业过于稳定

就业稳定性是利用工作流动次数来衡量的。

1）体制外就业人员的工作流动次数较高，其中自主创业人员在创业前的工作流动次数最高。自主创业人员的人均工作流动次数为4.103次，一份工作平均时长为2.43～3.66年。和发达国家相比，日本的平均每份工作时间为10.5年，美国为6.6年，而我国被调查的自主创业人员在创业之前的工作流动次数为4.103次，远高于发达国家，而且被调查人中有86.33%的人年龄在31～45岁，工作生涯远没有结束，即他们还有可能变动工作，那么他们的工作流动次数可能会更高。

和其他类型就业单位相比，工作流动5次以上的人员中：自主创业人员占37.931%，远高于一般竞争性企业的8.738%，垄断性企业及机关事业单位为3.883%。工作流动次数在4次以上的人员中：自主创业人员占58.621%。从表5.19中可以看到，工作流动5次、4次、3次的人员中，自主创业人员所占的比例均高于一般竞争性企业和垄断性企业及机关事业单位。

2）垄断性企业及机关事业单位就业人员的工作比较稳定。垄断性企业及机关事业单位就业人员的人均流动次数为1.165次，每份工作的平均时长为8.58～12.875年，和西方国家相比较为稳定。垄断性企业及机关事业单位就业人员工作流动0次的占45.63%，流动1次的为24.27%，也就是说，69.9%的人在10年中工作没有变动，工作变动次数远低于体制外就业（见表5.19）。

表5.19　体制内外就业人员的工作流动次数占比①（%）

工作流动次数	自主创业	一般竞争性企业	垄断性企业及机关事业单位
5次以上	37.93	8.74	3.88
5次	3.45	2.91	0.97
4次	17.24	9.71	2.91
3次	20.69	17.48	7.77
2次	13.79	14.56	14.56
1次	6.90	18.45	24.27
0次	0.00	26.21	45.63

① 数据根据调查数据整理而得。

由此，体制内、外就业人员的工作流动次数差别很大：体制内就业表现为过于稳定，体制外就业则是稳定不足。很显然，体制内工作由于社会保障全面，社会声望好，因此工作流动次数较低。那么是什么导致体制外就业稳定不足呢？下面来讨论分析体制内、外就业人员离职的原因。

2. 体制外就业人员的社会保障不完善，体制外单位人才流失严重

为了了解体制内、外就业人员在工作中所面临的主要困境，我们调查了离职倾向的主要原因，如表 5.20 所示。

表 5.20　体制内、外就业人员离职倾向的原因占比[①]（%）

离职原因	机关事业单位及垄断性企业	一般竞争性企业	自主创业
晋升机会不大	16.17	22.70	9.76
不满意现时薪酬和福利	25.15	24.32	24.39
工作压力大	17.37	5.41	7.32
公司发展前景欠佳	7.78	23.24	26.83
工作不稳定	1.80	3.24	4.88
工作环境欠佳	8.98	10.27	2.44
专业、能力不对口	4.19	3.78	7.32
被解雇	2.99	2.16	0.00
工作兴趣不足	15.57	4.86	17.07

不满意现时薪酬和福利是体制内、外人员共同的主要离职原因。调研数据显示：体制内，25.15%的人员是由于不满意现时薪酬和福利而离职；体制外，24.32%的一般竞争性企业人员，24.39%的自主创业人员，由于不满意薪酬和福利而离职。

虽然表面上看不满意现时薪酬和福利是体制内、外离职的主要原因，但是二者的区别很大。由于体制内人员的社会保障比较全面，因此体制内人员主要是对薪酬不满。而体制外就业人员之所以离职，主要是由于社会保障的不全面。例如，根据河南省就业及统计部门的相关数据，2013 年河南省私营企业有 40.1 万户，实际参加养老保险的有 1.1 万户，参保覆盖率为 2.7%；私营企业职工有 329.4 万人，实际参保的仅有 50.8 万人，参保率为 15.4%；城镇个体从业人员有 290.1 万人，实际参保的有 183 万人，参保率为 63.1%（李建宾，2014）。可见，体制外社会保障还需进一步完善。

社会人员对体制内就业的偏爱，社会大批高学历等精英更愿意进入体制内就业，会造成社会对体制内就业过分追捧，而造成社会其他行业的人才流失，社会将会出现人才失衡。所以，必须采取措施缩小体制内、外就业的差别。

① 数据根据调查数据整理而得。

第六章　中部地区劳动力收入支撑的消费需求效应分析

市场需求决定着产业结构，而产业结构进一步决定劳动力需求结构。劳动力需求是产品需求的引致需求，产业结构决定劳动力市场需求结构。而产品需求又由市场需求决定。市场需求数量增加，对产品的需求也随之增加，会促进产业发展；市场需求结构发生变化，产业结构也应该随之发生变化，否则会出现产品市场的产品供给不能适销对路，产品积压，企业利润下降，最终会被淘汰，产业结构被迫调整。因此，市场需求决定产业结构，产业结构会进一步影响劳动力需求。

因此，要研究劳动力市场的变动必须研究市场需求问题，这也是我国东部产业内移的初衷之一，产业内除了看中中部地区丰富的劳动力资源、原材料资源外，还有中部地区人口众多，有着广阔的消费市场，庞大的市场需求足以支撑中部地区的产业发展。那么研究市场需求不得不从劳动力的收入情况入手。

本章数据根据 2006～2015 年《中国统计年鉴》、各省统计年鉴和统计公报整理得到。

第一节　中部地区劳动力收入的变化现状与趋势分析

一、城镇劳动力收入的现状及变化趋势

城镇劳动力收入的反映指标和统计指标相对比较多，但为了更有效地反映劳动力收入的主要来源，以及对居民消费支出的主要影响，故本章选择了城镇居民人均可支配收入为主要指标进行分析和研究。

1. 中部地区城镇居民人均可支配收入的现状

本书重点收集整理了河南、湖北、湖南、安徽、江西、山西中部六省的 2006～2014 年间城镇居民人均可支配收入的绝对量，如表 6.1 所示。

表 6.1　历年中部城镇居民人均可支配收入（元）

年份	河南	湖北	湖南	安徽	江西	山西	中部合计
2006	9810	9803	10 505	9771	9551	10 028	61 474
2007	11 477	11 486	12 294	11 474	11 452	11 565	71 755

续表

年份	河南	湖北	湖南	安徽	江西	山西	中部合计
2008	13 231	13 153	13 821	12 990	12 866	13 119	81 188
2009	14 372	14 368	15 084	14 086	14 022	13 997	87 938
2010	15 930	16 058	16 566	15 788	15 481	15 648	97 481
2011	18 195	18 374	18 844	18 606	17 495	18 124	111 649
2012	20 443	20 840	21 319	21 024	19 860	20 412	125 910
2013	22 398	22 906	23 414	23 114	21 873	22 456	138 174
2014	23 672	24 852	26 570	24 839	24 309	24 069	150 325

中部地区城镇居民的收入迅速增加。从表 6.1 中可以看出，河南省自 2006 年以来，城镇居民人均可支配收入从 9810 元上升到 2014 年的 23 672 元，年均增幅为 1540 元，年均增速为 15.7%。湖北省自 2006 年以来，城镇居民人均可支配收入从 9803 元上升到 2014 年的 24 852 元，年均增幅为 1672 元，年均增速为 17.1%。湖南省自 2006 年以来，城镇居民人均可支配收入从 10 505 元上升到 2014 年的 26 570 元，年均增幅为 1785 元，年均增速为 17.0%。安徽省自 2006 年以来，城镇居民人均可支配收入从 9771 元上升到 2014 年的 24 839 元，年均增幅为 1674 元，年均增速为 17.1%。江西省自 2006 年以来，城镇居民人均可支配收入从 9551 元上升到 2014 年的 24 309 元，年均增幅为 1640 元，年均增速为 17.2%。山西省自 2006 年以来，城镇居民人均可支配收入从 10 028 元上升到 2014 年的 24 069 元，年均增幅为 1560 元，年均增速为 15.6%。从以上来看，中部各省的城镇居民人均可支配收入均呈现较快的上升趋势，平均增速均在 15%～17.5%（考虑该时期年均 4%左右的物价上涨指数，实际增速仍达到 11%～13.5%）。

中部整体分析，自 2006 年，城镇居民人均可支配收入从 61 474 元上升到 2014 年的 150 325 元，年均增幅为 9872 元，年均增速为 16.1%（考虑该时期年均 4%左右的物价上涨指数，实际增速仍达到 12%以上）。

2. 城镇居民收入的变化趋势分析

城镇居民收入的稳定提高，可以直接反映出这一时期该地区经济增长和发展的良好势头。居民收入上升趋势的稳定性，体现了我国中部经济在这一时期的良好的运行环境和发展趋势。同时在产业层次上，也间接反映出产业容量和结构水平的变化应该是不断趋于合理。

这种城镇居民人均可支配收入稳步增长的积极信息，会形成良好的市场信号，不但稳定了该地区的城镇劳动力供给市场，而且会吸引农村流动劳动力的转移。同时，还可能会对中部的劳动力市场产生一定的影响。

结合我国中部崛起的战略和中部六省未来的经济发展战略（中原经济区、郑州航空港、长江中游城市群等），在“十三五”期间，中部经济发展仍将有巨大的发展潜力和空间，劳动力收入质量和水平仍将呈现出积极良好的上升势态，势必吸引更多的劳动力就业，形成广阔的劳动力买方市场和卖方市场。

二、农村居民劳动力收入的现状及变化趋势

农村居民劳动力收入的研究中，我们主要选择农村居民人均可支配收入（2010年以前又称“农村家庭每年人均纯收入”）为主要指标，进行分析。

1. 中部农村居民人均可支配收入的现状

本研究重点收集整理了河南、湖北、湖南、安徽、江西、山西中部六省的2006～2014年间农村居民人均可支配收入的绝对量，如表6.2所示。

表6.2　2006～2014年中部农村居民人均可支配收入（元）

年份	河南	湖北	湖南	安徽	江西	山西	中部合计
2006	3 261	3 419	3 390	2 969	3 460	3 181	19 680
2007	3 852	3 998	3 904	3 556	4 045	3 666	23 021
2008	4 454	4 656	4 513	4 203	4 697	4 097	26 620
2009	4 807	5 035	4 909	4 504	5 075	4 244	28 574
2010	5 524	5 832	5 622	5 285	5 789	4 736	32 788
2011	6 604	6 899	6 567	6 232	6 892	5 601	38 795
2012	7 525	7 852	7 440	7 161	7 829	6 357	44 164
2013	8 475	8 867	8 372	8 098	8 782	7 154	49 748
2014	9 966	10 849	10 060	9 916	10 117	8 809	59 717

中部各省的农村居民人均可支配收入均呈现较快的上升。从表6.2中我们可以看出，河南省自2006年以来，农村居民人均可支配收入从3261元上升到2014年的9966元，年均增幅为745元，年均增速为22.8%。湖北省自2006年以来，农村居民人均可支配收入从3419元上升到2014年的10 849元，年均增幅为826元，年均增速为24.1%。湖南省自2006年以来，农村居民人均可支配收入从3390元上升到2014年的10 060元，年均增幅为741元，年均增速为21.9%。安徽省自2006年以来，农村居民人均可支配收入从2969元上升到2014年的9916元，年均增幅为772元，年均增速为26.0%。江西省自2006年以来，农村居民人均可支配收入从3460元上升到2014年的10 117元，年均增幅为740元，年均增速为21.4%。山西省自2006年以来，农村居民人均可支配收入从3181元上升到2014年的8809元，年均增幅为625元，年均增速为19.7%。从以上来看，中部各省的农村居民人均可支配收入均呈现较快的上升趋势，平均增速均在19%～26%（考虑该时期年均4%左右的物价上涨指数，实际增速仍达到15%～22%）。

中部整体分析，自 2006 年以来，农村居民人均可支配收入从 19 680 元上升到 2014 年的 59 717 元，年均增幅为 4449 元，年均增速为 22.6%（考虑该时期年均 4%左右的物价上涨指数，实际增速仍达到 18%以上）。

2. 中部农村居民人均可支配收入的变化趋势

在 2006～2014 年的 9 年间，中部六省的农村居民可支配收入也呈现明显的稳定上升趋势，平均增速达到 22.6%（考虑该时期年均 4%左右的物价上涨指数，实际增速仍达到 18%以上）。中部农村居民人均可支配收入合计金额从 20 000 元的水平拉升到近 60 000 元的水平，且每年也均呈现出规律的稳定上升势头。

中部农村居民人均可支配收入的稳定增长，与这段时期中国的“三农政策”和惠农政策有着直接的联系。中部是我国重要的粮食生产和供应基地，减免农业税、农业补贴等优惠积极的惠农政策，大大地激发了农民进行农业生产的积极性和生产效率，导致农业生产的直接收入和纯收入不断提高。

中国一直大力推进城镇化建设，结合产业结构升级和产业容量扩张效应，越来越多的农村富余劳动力选择外出务工，增加家庭的收入来源。而且，在外务工的劳动力收入在一定程度上远远超过来自农业生产的人均收入，这更加刺激和鼓励了劳动力的外迁。

中共十八大以来，我国政府继续不遗余力地推进农业生产的现代化进程，降低农业生产成本，同时提高农业生产效率，这些都将直接带来农村居民收入的增加。

“十三五”期间，我们可以预见，在政策和产业结构的双因素作用下，农村居民的收入来源会不断增加，收入水平将不断提高。

三、城镇居民与农村居民人均可支配收入的动态对比

在对中部城镇居民与农村居民人均可支配收入分析的基础上，我们将进一步将二者的变化进行动态分析，以从中找出中部劳动力收入变化的规律和趋势。

将中部城镇居民人均可支配收入和农村居民人均可支配收入的变化显示在一起，如图 6.1 所示，我们明显看到了二者的不同的变化幅度和增速。中部城镇居民人均可支配收入一直维持在平均 12%左右的增速，农村居民人均可支配收入则一直维持在平均 15%～18%左右的高速水平上。特别是 2014 年，这种增速的差距更为明显，达到了近 10 个百分点。

这充分反映了两点：①城镇劳动力收入水平虽不断增加，但空间和后发优势也可能存在一定的上限，所以增幅没有太大的提升；②农村劳动力收入由于和城镇劳动力收入的绝对差距仍比较大，因此仍存在较大的上升空间和潜力，这有可能通过农村劳动力素质的不断提高、农村富余劳动力的不断转移、农业生产现代化进程的不断加快等途径实现。

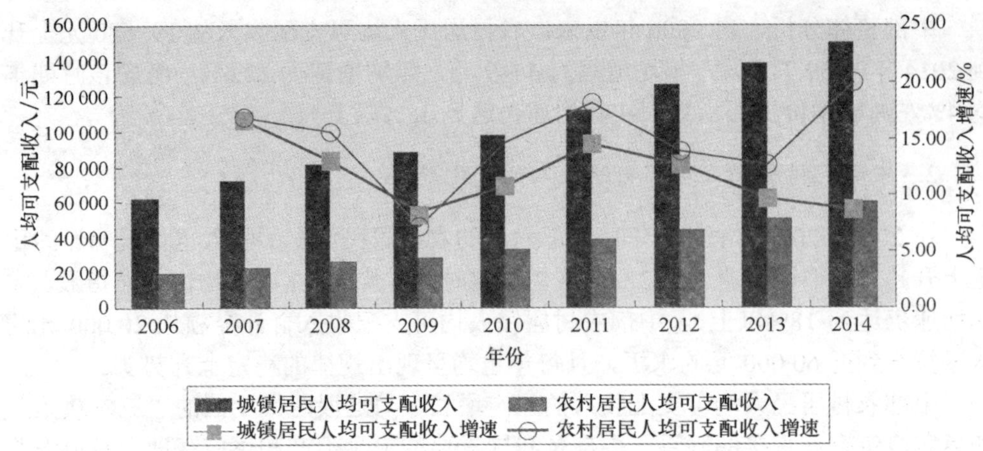

图 6.1 中部城镇居民与农村居民人均可支配收入的动态对比分析

第二节 中部地区消费需求的现状与变化趋势分析

一、消费需求的现状分析

1. 中部地区城镇居民消费需求支出的现状

中部地区城镇居民消费支出增长迅速。从表 6.3 中可以看出，河南省自 2006 年以来，城镇居民消费需求支出从 2609.65 元上升到 2014 年的 8434.6 元，年均增幅为 647 元，年均增速为 24.8%。江西省自 2006 年以来，城镇居民消费需求支出从 887.5 元上升到 2014 年的 4063.28 元，年均增幅为 353 元，年均增速为 39.7%。安徽省自 2006 年以来，城镇居民消费需求支出从 1757.9 元上升到 2014 年的 5657.95 元，年均增幅为 433 元，年均增速为 24.6%。山西省自 2006 年以来，城镇居民消费需求支出从 1156.56 元上升到 2014 年的 3230.6 元，年均增幅为 230 元，年均增速为 19.9%。湖南省自 2006 年以来，城镇居民消费需求支出从 2275.72 元上升到 2014 年的 6929.3 元，年均增幅为 517 元，年均增速为 22.7%。湖北省自 2006 年以来，城镇居民消费需求支出从 2242.25 元上升到 2014 年的 6832.4 元，年均增幅为 510 元，年均增速为 22.7%。

表 6.3 中部城镇居民消费需求支出（元）

年份	河南	江西	安徽	山西	湖南	湖北	合计
2006	2 609.65	887.5	1 757.9	1 156.56	2 275.72	2 242.25	10 929.58
2007	3 051.32	1 059.37	2 132.57	1 322.26	2 652.67	2 657.87	12 876.06
2008	3 567.66	1 715.61	2 473.51	1 487.43	3 091.74	3 007.43	15 343.38
2009	4 142.02	1 835.65	2 862.56	1 653.5	3 546.83	3 178.6	17 219.16
2010	5 029.87	2 396.4	3 374	2 021.2	4 127.05	3 717.1	20 665.62

续表

年份	河南	江西	安徽	山西	湖南	湖北	合计
2011	5 825.1	2 817.92	3 973.86	2 461.5	4 883.44	4 644.3	24 606.12
2012	6 672.59	3 211.89	4 439.49	2 743.8	5 482.75	5 254.6	27 805.12
2013	7 676.11	3 678.53	5 091.19	3 071.3	6 150.81	5 989.1	31 657.04
2014	8 434.6	4 063.28	5 657.95	3 230.6	6 929.3	6 832.4	35 148.13

近 9 年中部城镇居民消费需求支出总体水平，2006 年为 10 929.58 元，上升到 2014 年的 35 148.13 元，年均增幅为 2691 元，年均增速为 24.6%。

2. 中部农村居民消费需求支出的现状

农村居民消费需求支出增加显著。如表 6.4 所示，河南省自 2006 年以来，农村居民消费需求支出从 1641.85 元上升到 2014 年的 3891.02 元，年均增幅为 250 元，年均增速为 15.2%。江西省自 2006 年以来，农村居民消费需求支出从 893.04 元上升到 2014 年的 1943.5 元，年均增幅为 117 元，年均增速为 13.1%。安徽省自 2006 年以来，农村居民消费需求支出从 949.3 元上升到 2014 年的 2181.22 元，年均增幅为 137 元，年均增速为 14.4%。山西省自 2006 年以来，农村居民消费需求支出从 473.02 元上升到 2014 年的 1339 元，年均增幅为 96.3 元，年均增速为 20.3%。湖南省自 2006 年以来，农村居民消费需求支出从 1212.84 元上升到 2014 年的 2727.8 元，年均增幅为 168 元，年均增速为 13.9%。湖北省自 2006 年以来，农村居民消费需求支出从 912.15 元上升到 2014 年的 2292.1 元，年均增幅为 153 元，年均增速为 16.8%。

近 9 年中部农村居民消费需求支出总体水平，2006 年为 6082.2 元，上升到 2014 年的 14 374.64 元，年均增幅为 921 元，年均增速为 15.2%。

表 6.4　中部农村居民消费需求支出（元）

年份	河南	江西	安徽	山西	湖南	湖北	合计
2006	1 641.85	893.04	949.3	473.02	1 212.84	912.15	6 082.2
2007	1 768.68	976.65	1 092.92	547.33	1 317.86	1 051.82	6 755.26
2008	1 953.8	829.47	1 205.83	617.24	1 462.38	1 217.95	7 286.67
2009	2 106.9	907.65	1 325.73	689.8	1 522.26	1 277.7	7 830.04
2010	2 372.73	1 156.53	1 499.35	834	1 661.8	1 419.7	8 944.11
2011	2 792.8	1 443.74	1 805.3	1 031	2 059.44	1 597.7	10 729.98
2012	3 081.82	1 541.9	1 862.42	1 156.9	2 285.6	1 830.8	11 759.44
2013	3 446.04	1 737.05	1 959.99	1 301.4	2 459.93	2 064.7	12 969.11
2014	3 891.02	1 943.5	2 181.22	1 339	2 727.8	2 292.1	14 374.64

二、消费需求的变化趋势分析

中部六省的消费需求呈现明显的稳定上升趋势。研究可以明显得到以下结论：在 2006～2014 年的 9 年间，平均增速达到 21.2%（考虑该时期年均 4%左右的物价上涨指数，实际增速仍达到 17%以上）。中部居民每年消费需求支出合计金额从 17 000 元的层次拉升到近 50 000 元的层次，且逐年呈现稳定上升趋势。

1. 庞大的人口意味着中部地区拥有巨大潜在市场

从地理面积和人口比例来看，中部六省是一个非常巨大的潜在市场。在改革开放至今的近 40 年中，中部社会经济增长和发展取得了长足的发展，稳定发展了一些传统市场，如农产品市场和老牌工业市场等；带动了一大批新兴市场，如电子产品市场、汽车市场、房地产市场等；孕育着一批潜在市场，如高科技产品市场、技术创新等。这些都很好地扩充了市场容量，带动了居民消费需求的不断增加，也即供给拉动需求。这与我国当前进行的“供给侧改革”的基本思维是一致的。

2. 消费观念的转变将释放居民的消费欲望

随着社会的进步和发展，居民的储蓄和消费观念也在悄然发生着转变，居民越来越倾向于增加消费支出在收入中的比例（见图 6.2）。年轻人的消费观念转变得更及时。这很好地释放了居民消费需求的欲望，在收入条件改变的同时，消费需求支出也提升得更快。

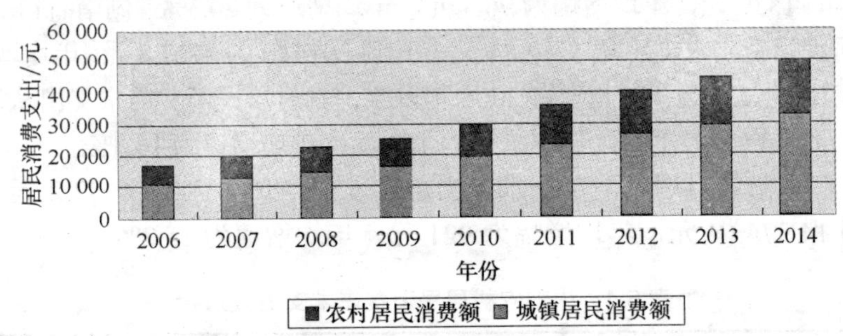

图 6.2　中部城镇居民消费需求支出的构成及趋势

3. 中部地区的后发发展优势意味着消费需求的提升

中国未来经济发展的战略和中部六省的区域性经济发展战略，决定了我国未来“十三五”甚至更长时期的经济发展的走势，中部六省的市场前景和相比较的后发优势，仍然给居民消费需求的上升提供了很好的空间和可能性。这种影响，对中部市场意味着更大的机遇，但同时对东部沿海、西部等地区的市场也会产生多种层面的影响。

第三节　中部地区劳动力收入对消费需求的影响

中部市场容量的后发优势、产业结构承接和升级的正面影响等因素，都充分显示了中部在当前和未来经济战略发展中的地位和重要性。而这其中，劳动力收入水平的不断改善和提高，是居民消费需求不断活跃和升级的根本因素，进而为中部市场容量和结构的不断升级带来根本保证。

因此，我们在前期对中部劳动力收入（城镇居民可支配收入和农村居民可支配收入）和中部消费需求的现状进行了分析，接下来将用单因素或多因素回归分析法，重点分析中部劳动力收入（城镇居民可支配收入和农村居民可支配收入）对中部消费需求的影响，试图找出二者之间的变化关系，进而解释中部劳动力收入的变化对中部市场需求、中部企业市场选择、东南沿海劳动力市场变化等的关联影响。

研究先分别对中部整体的居民收入和中部市场消费需求支出进行回归分析，对回归结果进行分析，查找中部居民收入对中部消费需求的重要影响，然后延伸到对中部企业市场选择、东南沿海劳动力市场变化等的关联影响分析。

一、劳动力收入变化拉动消费需求总量分析

在对中部劳动力收入与中部消费需求关系的分析中，我们选择的样本数据为1990～2014年的中部居民人均可支配收入与居民人均消费需求支出，其中用中部居民（城镇居民和农村居民）人均可支配收入代表中部劳动力收入水平，用中部居民（城镇居民和农村居民）人均消费需求支出代表中部消费需求市场水平和状态。原始数据均来自1996～2015年期间的《中国统计年鉴》、各省统计年鉴和各省统计公报等官方公布的正式统计数据。

本书主要运用SPSS 17.0进行回归分析，其中中部居民（城镇居民和农村居民）人均可支配收入为自变量x，中部居民（城镇居民和农村居民）人均消费需求支出为因变量y。

回归分析结果如表6.5所示，回归方程为$y=-4260.585+0.261x$（sig＝0.001），sig显著性检验结果值为0.001（＜0.05），通过显著性检验，表明自变量x与因变量之间存在相关性，且标准系数为0.999（非常接近1），可以综合判断两者也存在显著的线性关系。

表6.5　SPSS 17.0回归分析结果

系数 *a*						
模型		非标准化系数		标准系数	t	sig
		B	标准误差	试用版		
1	（常量）	–4260.585	704.444		–6.048	0.001
	中部居民人均可支配收入	0.261	0.005	0.999	52.949	0.000

a．因变量：中部省居民人均消费需求支出

上述结果也表明，1996～2014年期间，中部居民（城镇居民和农村居民）人均可支配收入的变化，对该期间中部居民（城镇居民和农村居民）人均消费需求支出有着显著的影响，中部居民（城镇居民和农村居民）人均可支配收入的变化很大程度上影响了居民人均消费支出水平。

通过以上中部整体分析，我们可以清晰地看到，就中部整体而言，该时期劳动力收入变化对市场需求的影响非常显著，线性系数达到0.999，sig为0.001。

这充分表明，中部消费需求受居民收入的影响较大。同时，在上面章节的分析中，我们也清楚地看到了中部市场容量和需求的变化也会反过来带动居民收入的正相关变化，两者互为因果，在时间动态发展中，呈现螺旋上升的相互作用关系。

二、劳动力收入变化引起城镇消费需求结构变化

1. 城镇居民的食品与衣着支出占比减少

随着人们收入的提高，消费结构也有了较大的改善，逐渐由温饱型向享受型转变。如表6.6所示，1998年中部地区食品消费支出占全部支出的45.29%，2014年则下降为30.67%，下降了近15个百分点。同样衣着支出占比也由1998年的11.84%下降为2014年的9.35%。而居住、交通通信的消费支出占比提高较快，说明城镇居民对居住和交通的要求逐渐增加，进而提高相关消费，我国也进入以居住、交通为主要消费的时期。

表6.6　不同年份中部城镇居民各种消费支出占比变化（%）

项目	2014年	2007年	2004年	2000年	1998年
食品烟酒	30.67	37.20	38.48	39.15	45.29
衣着	9.35	12.02	11.19	10.81	11.84
居住	20.70	10.19	9.96	11.58	9.66
生活用品及服务	6.50	6.47	5.54	8.46	7.12
交通通信	11.60	10.81	10.49	6.95	5.48
教育文化娱乐	11.83	13.09	14.27	12.51	11.98
医疗保健	6.78	6.81	6.91	5.46	4.24
其他用品及服务	2.57	3.42	3.15	5.08	4.39

2. 近年来家庭设备和交通通信支出增长较快

为了衡量不同消费支出在近年的变化情况，计算2005～2014年城镇不同消费支出的增长速度。由表6.7可以看到，上涨幅度较大的是家庭设备及用品和交通通信两项消费支出，这两项分别增长了155.7%、161.3%，而食品和衣着支出的上涨幅度较小。而其中居住消费支出的增速较小，主要是由于近年房价上涨导致人

们观望的较多。

表 6.7　2005～2014 年城镇居民家庭平均每人全年消费性支出增长率（%）

项目	山西	河南	江西	安徽	湖南	湖北	平均值
现金消费支出	92.53	127.44	109.12	135.75	94.66	115.18	112.45
食品消费支出	87.46	122.85	103.26	109.06	102.34	122.36	107.89
衣着消费支出	63.93	133.88	127.94	101.79	105.46	121.07	109.01
居住消费支出	97.68	82.64	81.66	136.66	68.71	100.50	94.64
家庭设备及用品消费支出	131.64	204.38	126.28	178.86	129.33	163.69	155.70
医疗保健消费支出	68.16	129.83	105.42	185.54	52.74	106.21	107.98
交通通信消费支出	176.69	171.82	164.55	167.35	160.10	127.27	161.30
文教娱乐服务消费支出	61.52	89.45	84.67	190.02	52.60	82.57	93.47
其他消费支出	147.87	153.31	120.57	184.18	78.68	87.53	128.69

3. 家用汽车拥有量增长迅速，新兴家电的增加幅度较大

如表 6.8 所示，2005～2014 年城镇居民家庭家用汽车拥有量的增加幅度最大，为 1136.82%。近年我国城镇居民已经加速进入汽车时代。从前面的数据我们可以看出家用设备增速较快，但是从每百户拥有的耐用品变化率来看，中部城镇居民对家电的消费处于升级换代的阶段，可以看出，摩托车、洗衣机、电冰箱、电视机、组合音响、照相机等老一代家电的拥有量是不断减少或者增速非常缓慢的。而对摄像机、微波炉、空调、热水器、洗碗机等新兴的家电的拥有量是不断增加的。

总之，从消费支出比例、消费增速、耐用品的拥有量来看，中部地区的消费结构不断提升：食品、衣着消费占比不断减少；住房、交通通信支出占比不断增加；家电消费处于更级换代时期，旧的家电逐渐会被淘汰，新兴家电受到青睐。

表 6.8　2005～2014 年中部城镇居民家庭每百户拥有的耐用消费品的变化率（%）

项目	山西	河南	江西	安徽	湖南	湖北	平均值
摩托车拥有量	−19.47	−33.45	−18.85	−8.22	49.35	20.99	−1.61
助力车拥有量	543.10	307.69	765.38	442.86	195.12	336.96	431.85
家用汽车拥有量	570.97	875.00	1442.86	1325.00	1318.18	1288.89	1136.82
洗衣机拥有量	3.61	1.53	−0.21	−1.75	−1.35	3.14	0.83
电冰箱拥有量	5.40	8.23	4.96	7.08	6.76	5.02	6.24
彩色电视机拥有量	−2.20	1.36	12.49	9.52	−5.11	0.61	2.78
计算机拥有量	145.36	133.96	144.38	206.15	114.33	93.16	139.56
组合音响拥有量	−23.26	−12.78	−15.45	−26.36	−44.21	−13.92	−22.66
摄像机拥有量	134.62	106.45	137.50	229.17	125.00	325.00	176.29
照相机拥有量	−7.39	−4.63	−4.28	−2.51	−19.84	5.74	−5.48

续表

项目	山西	河南	江西	安徽	湖南	湖北	平均值
钢琴拥有量	157.14	−14.29	0.00	−20.00	−50.00	87.50	26.73
其他中高档乐器拥有量	−31.48	−32.31	−41.67	−51.90	−78.65	−36.21	−45.37
微波炉拥有量	51.56	42.11	43.44	61.98	24.66	39.87	43.94
空调拥有量	86.10	47.12	77.62	66.38	71.85	43.14	65.37
淋浴热水器拥有量	79.42	57.51	16.63	46.65	31.49	25.55	42.87
消毒碗柜拥有量	4.17	−10.00	40.40	27.59	14.04	26.56	17.13
洗碗机拥有量	−33.33	16.67	80.00	100.00	37.50	−12.50	31.39
健身器材拥有量	76.19	−9.68	33.33	−15.38	−45.83	60.71	16.56
固定电话拥有量	−26.26	−42.79	−31.32	−22.21	−32.35	−35.47	−31.73
移动电话拥有量	71.74	59.52	51.65	82.03	45.31	58.33	61.43

三、劳动力收入变化提升农村消费需求结构

1. 农村食品支出占比下降明显

如表 6.9 所示，1998 年，中部农村食品烟酒消费支出占全部支出的 56.54%，2014 年则下降为 32.89%，其占比下降幅度高达 24 个百分点，食品支出的下降表明农村消费结构的提升；而占比上升较为明显的是居住，交通通信和教育、文化、娱乐，1998 年三者的占比分别是 14.02%、3.7%、2.62%，2014 年均有明显上升，分别为 22.13%、10.16%、11.06%，这三者消费支出占比的提高，表明农村居民随着收入的增加，对居住条件、出行条件的要求逐步提高，并且更加追求精神层面的享受。

表 6.9　不同年份中部农村居民各种消费支出占比的变化（%）

项目	2014 年	2007 年	2004 年	2000 年	1998 年
食品烟酒	32.89	44.89	50.62	52.44	56.54
衣着	6.23	6.23	5.77	5.83	5.93
居住	22.13	16.53	13.17	13.47	14.02
生活用品及服务	6.04	4.79	3.68	4.24	4.70
交通通信	10.16	9.29	5.24	4.45	3.70
教育、文化、娱乐	11.06	9.66	7.85	4.83	2.62
医疗保健	9.44	6.19	11.60	11.54	10.60
其他用品及服务	2.04	2.41	2.06	3.20	1.90

2. 近年来居住、家庭设备和文教娱乐消费支出增长迅速

为了衡量近年农村各项支出的增长速度，计算 2005～2014 年农村各项消费支出的增长幅度。如表 6.10 所示，增幅最大的为居住消费支出，对比 2005 年，2014

年增加了 429.53%，其次是文教娱乐服务消费支出，增幅为 360.58%，再次为家庭设备及用品消费支出，增幅为 315.13%。

表 6.10　农村居民家庭平均每人全年消费性支出的增长率（%）

项目	山西	河南	江西	安徽	湖南	湖北	平均值
现金消费支出	196.44	196.44	196.44	152.98	196.44	196.44	189.19
食品消费支出	123.96	123.96	123.96	118.12	123.96	123.96	122.99
衣着消费支出	148.05	148.05	148.05	182.71	148.05	148.05	153.82
居住消费支出	469.34	469.34	469.34	230.47	469.34	469.34	429.53
家庭设备及用品消费支出	332.95	332.95	332.95	226.03	332.95	332.95	315.13
医疗保健消费支出	290.52	290.52	290.52	162.63	290.52	290.52	269.20
交通通信消费支出	78.18	78.18	78.18	50.27	78.18	78.18	73.52
文教娱乐服务消费支出	376.38	376.38	376.38	281.53	376.38	376.38	360.58
其他消费支出	357.80	357.80	357.80	254.68	357.80	357.80	340.61

3. 农村耐用消费品同样出现了升级换代

如表 6.11 所示，对比 2005 年，2014 年在农村，不同耐用消费品拥有量的变化出现较大差别：自行车、固定电话、黑白电视机的拥有量表现为下降，表明随着农村居民收入水平的提高，还有产品的更新换代，农村居民减少了落后产品的拥有量。与此相反，计算机拥有量的增加幅度最大，为 2149.83%，以下依次是空调、电冰箱、抽油烟机、移动电话。由此可见，农村居民随着收入的增加，对生活水平的要求也逐渐提高，由此对新兴家电的消费也在逐步增加。

表 6.11　中部农村居民家庭每百户拥有的耐用消费品的变化率（%）

项目	山西	河南	江西	安徽	湖南	湖北	平均值
洗衣机拥有量	24.96	66.25	297.14	83.79	128.21	136.36	122.79
电冰箱拥有量	267.36	395.56	600.95	267.74	465.69	441.89	406.53
空调拥有量	660.00	615.38	960.00	622.64	872.00	773.68	750.62
抽油烟机拥有量	134.62	700.00	383.33	336.36	353.33	409.68	386.22
自行车拥有量	−16.73	−4.27	−35.29	−25.11	−44.20	−41.21	−27.80
摩托车拥有量	44.27	31.20	59.68	52.31	115.72	90.82	65.67
固定电话拥有量	−6.76	−48.73	−63.00	−26.37	−49.47	−22.44	−36.13
移动电话拥有量	576.81	250.36	208.95	248.21	250.55	202.11	289.50
黑白电视机拥有量	−94.52	−96.23	−91.24	−89.75	−94.94	−94.53	−93.53
彩色电视机拥有量	32.69	36.11	46.42	37.35	51.09	39.66	40.55
照相机拥有量	−45.83	28.57	44.44	−29.03	63.16	89.47	25.13
计算机拥有量	4516.67	3266.67	565.00	1637.50	1222.22	1690.91	2149.83

第四节 中部地区消费需求扩容升级和居民收入上涨的影响因素分析

中部的地域面积、人口总量以及经济增长和发展贡献率，均显示出强大的影响力和未来巨大的发展空间。市场容量的巨大优势，带来产业规模的不断扩张与产业水平和结构的不断升级，这为提高劳动力素质、吸纳劳动力就业、不断提高劳动力收入水平均创造了极好的条件和空间。而劳动力素质的改善、收入水平的提高，又更好地促进了市场的扩张和容量的升级，带动了消费需求支出的增长，继而带动投资需求的潜在增长。

一、消费市场扩容升级的经济环境因素分析

1. “一带一路”为中部地区提供了巨大的发展空间

中部六省地域面积占全国的近 11%，人口总量占全国的近 28%，对全国经济的贡献按照 GDP 衡量，占到全国的近 20%。这是一个非常巨大的市场空间，“十三五”和未来一段时期，我国开拓出“一带一路”的国际发展模式，这对我国整体经济和局部经济发展都将起到巨大的影响和带动作用。中部处于“一带一路”倡议的起点，中华文明的发源地，在未来经济发展的空间更是巨大。

2. 近年出台的区域经济发展战略带动了中部地区的发展

中部六省区域范围内，又有中原城市群、中原经济区、郑州航空港、环鄱阳湖城市群、长江中游城市群、太原城市群等区域经济发展战略。这些都将在战略和基础上对中部经济和市场发展产生巨大的作用。特别是中原经济区、郑州航空港、长江中游城市群等几个大区域经济战略规划，各有特色和重点，均是未来市场扩张的领地。

以郑州航空港建设为例，2013 年国务院批复《郑州航空港经济综合实验区发展规划（2013～2025 年）》，标志着港区建设正式确立。它是中国首个国家级航空港经济综合实验区，规划面积为 415 平方千米，是集航空、高铁、城际铁路、地铁、高速公路于一身的综合枢纽。战略定位为国际航空物流中心、以航空经济为引领的现代产业基地、内陆地区对外开放重要门户、现代航空都市、中原经济区核心增长极。2016 年 3 月，郑州航空港经济综合实验区列入《中华人民共和国国民经济和社会发展第十三个五年规划纲要》。

到 2025 年的规划目标是，“港区”航空货邮吞吐量达到 300 万吨左右，成为国际航空货运集散中心；形成创新驱动、高端引领、国际合作的产业发展格局，

与航空关联的高端制造业主营业务收入超过 10 000 亿元；成为引领中原经济区发展、服务全国、连通世界的开放高地。

这种大型高端的经济战略开发项目，肯定能极大地扩充中部市场容量，带动产业不断升级更新，同时吸纳更多的高素质劳动力就业（城镇化进程中也不断吸引农村劳动力就业和落户）。

3. 后发优势为中部地区带来发展潜力

与东南沿海地区和南部经济发达地区相比较的后发优势，将是中部经济未来发展的又一股很重要的力量。改革开放初期，由于我国东部和南部地区的地理条件，易于进行国外先进技术和设备等的引进和学习，同时便于国际贸易和国际往来的开展，因此国家的“一部分地区先富起来，先富起来的带动后富的地区”就成了国家经济发展战略思路和政策的出发点之一。经过 30 多年的改革开放，东部和南部地区确实在经济上实现了巨大的发展，取得了巨大的成果。但同时，我们也不能忽略“先富起来的地区带动后富的地区”这一目标，而中部，恰恰处于这样的位置和水平上。

这种后发的市场水平，可以用经济学中的“后发优势”来形容，它通常表示在实际经济水平上的落后和未来发展潜力上的巨大空间并存，中部六省目前的市场状态即处于此种境地。这预示着，未来中部将不断吸收和借鉴东部和南部经济发达地区的经济发展经验，不断进行产业结构的承接和升级，并在此基础上提升和发展自身的产业优势和空间，这将带来市场容量的不断扩张和市场结构的不断升级。

同时，相对于西部地区而言，中部又具有一定的“先发优势”，在市场的接纳能力和产业的承接能力上，具有先天的优势和条件。中部地区如能抓住相对于西部地区的这种优势，就像改革开放初期的东南沿海之于其他地区一样，将对经济的发展起到很大的积极作用。且相对于西部的地理条件而言，中部的平原地区和“两河”的中游地区，均是经济发展、市场和企业确立的极好的天然条件。这也为吸纳劳动力就业和居住提供了很大的便利和空间。

二、收入水平的影响因素分析

劳动力需求的旺盛会促使收入水平提高。东部近 10 年的经济发展和上文分析的市场容量和产业升级的研究中，后发优势的带动和先发优势的积蓄、城镇化建设的进程、产业结构的不断升级和创新等，这些因素导致对劳动力需求的激增。具体在行业上，可以看到房地产行业、汽车工业、物流行业、航空港建设等建设的兴起，对各层次的劳动力均有较大的需求，而且一些新兴产业对劳动力的需求和吸引力更大。劳动力需求的旺盛，大大提升了劳动力收入水平和报酬空间，居民收入和人均可支配收入水平不断提高。

1）技术进步提高了工资水平。社会技术进步和技术创新，带来新型市场状态和新的企业人才需求，在新古典经济增长模型中，技术进步是引起经济增长的重要变量。技术进步和研发往往伴随着高投入和高素质、高水平的专业人才的出现，后期技术创新市场研发和推广阶段，也需要大量高级技工、高级人才。而这些，不仅提升了劳动力需求，更重要的是提高了劳动力市场中的劳动力素质水平和劳动力价格。在技术—劳动力替代中，虽释放了部分劳动力数量，但提升了被选择劳动力的使用成本。

未来，技术创新将是不可逆的社会发展潮流，它对劳动力的选择进而对劳动力收入水平的上涨将起到一定的推动作用。

2）专业化程度的提高促进收入水平提高。社会进步和经济发展，将不断细分市场，专业化程度越来越高，从而要求越来越专业的高素质劳动力和技术人才。这种变化，导致教育体系的改变和教育成本的上升，各种能力认证和资格考试越来越多，劳动者的人力资本投资不断增加，进而劳动力未来期望的待遇水平和工资标准也水涨船高。

本书没有对高等教育的成本和毕业生就业待遇进行深入的分析，但从整体市场反馈的信息我们可以了解到，10 年前后的专科生、本科生、研究生的学习成本和工作待遇之间的关系，呈现出了较大的变化：教育成本在上升，接受过高等教育的劳动力进入社会后期望的收入水平和实际的收入水平均水涨船高。且在新兴的高科技产品领域和市场，劳动力的报酬也确实高于传统行业的收入水平。

3）中部整体经济发展水平的提高会增加劳动者收入。随着中部地区经济的发展，市场与企业收益分配的绝对利润和资源增加，参与分配的各个层次和主体的收入比例均有所提升，在国有企业和民营企业的劳动力工资整体上升的趋势中，民营企业劳动力参与分配的收益提高得更高更灵活。

4）劳动力素质的提高使得收入水平提高。随着我国教育事业的发展，中部地区高素质劳动力的供给不断提高，劳动素质的提高，要求工资收入水平的提高。这种劳动力收入和工资上涨的影响，来源于中部社会与经济市场的整体良好趋势和大环境。未来中部社会与经济的良好发展空间，会保证这种效应持续存在，也会促进劳动力收入的不断提高和上升。

三、中部地区的消费结构不断升级

1. 近年有利的经济环境会促进中部地区快速发展，进而带动收入水平的提高

由于中部地区地处内陆，在全国的发展规划中属于后发展地区，其发展落后于东部地区。但是近年来随着东部地区产业的内移，中部在全国的发展规划中日渐重要。“一带一路”倡议、中原经济区、郑州市航空港的建设等都为中部地区的发展提供了良好的经济环境，中部地区将在各种有利的发展战略中获得极速发展，

这将带动中部收入水平的提高。

2. 劳动力市场的提升将会促进收入水平的提高

随着教育事业的发展，劳动力市场中劳动者的教育水平和技能水平不断得到提高，即人力资本水平提高了，相应地，要求收入也随之提高。在前面章节的分析中，中部人力资本水平得到了提高，在中部各城市劳动力市场中，大学生求职人数所占的比例越来越大，这势必要求劳动报酬不断增加。另外，产业技术水平的提高、专业化程度的加深，表示产业的提升，产业的提升意味着企业利润的增加，作为劳动要素的供给者，劳动力也会得到较高的收入。

3. 收入水平的提高带来巨大的消费市场容量

通过回归分析可以看到，收入水平会带动消费需求的增加，二者关系密切。中部地区近年来的收入水平得到极大的提高，相应地带动了中部消费市场的扩容。这也是中部地区承接产业承接的优势之一，即中部人口众多，再加上近年收入水平不断增加，消费需求会得到扩容，那么承接而来的产业在中部市场需求的支撑下，会得到飞快的发展。通俗地讲，就是中部地区生产的产品可以在中部本地市场销售出去，而不必像东部地区一样依靠海外市场的支撑。目前来看，由于收入水平的提高会带来巨大的市场容量，同时中部地区的产业承接明显，那么二者是否匹配将成为问题的关键。如果二者在结构上匹配，即中部地区的市场需求结构与产业结构相吻合，即中部地区的生产的产品恰好是市场所需要的，那么产品市场与劳动力市场将进入良性循环，相互带动，经济会快速上升，不存在结构的不匹配。但是如果二者不匹配，即中部产品市场提供的产品不是市场所需要的，那么将会出现经济结构问题。

4. 收入水平的提高同时带来中部地区需求结构明显提升

正如前面所述，收入水平的提高不仅带来消费市场容量的扩容，还会带来消费结构的提升。随着收入水平的提高，人们对商品的消费不仅仅数量会增加，更重要的是消费结构的提升。中部地区城镇居民消费结构的变化是：食品和衣着的消费占比减少，而对交通通信和新兴家电的消费增加，那么可以看出中部地区正在脱离温饱型消费，对产品的需求由注重数量转向更注重品质。所以对产品市场就提出了相应的要求，要求产品市场提供高品质的产品，这就要求中部地区在产业承接时要更注重产品结构的提升，而不是低端产业的扩张。同样，中部地区农村居民的消费也发生了很大变化，同样开始注重产品的品质，从而也要求中部地区产业结构的提升。

第七章 中部地区公共就业服务供给体系分析

近些年国家围绕就业重点群体，采取更加积极的促进就业政策措施，加强公共就业服务基础设施和服务信息化建设取得一定进展，公共就业服务能力和水平不断提高，为促进就业和稳定就业局势发挥了重要作用。随着统筹城乡就业进程的加快，城镇化水平不断提升和各项积极就业政策的日益完善普惠，对公共就业服务网点设置、基础设施建设、服务内容、服务标准和服务质量都提出了更高的要求。

目前，中部六省的各级公共就业服务机构承担公共就业服务的任务十分艰巨，公共就业服务能力远不能满足社会的需求，公共就业服务制度化、专业化、信息化水平亟待提高。对此，迫切需要完善公共就业服务体系，不断强化公共就业服务的地位和作用，加强公共就业服务均等化建设。下面将从数据角度出发，对中部地区公共就业服务的现状进行描述并对其效率做出评价。

本章数据根据历年《中国劳动统计年鉴》《中国统计年鉴》整理得到。

第一节 中部地区公共就业服务供给的现状

我国劳动力市场是 20 世纪八九十年代以后逐渐建立起来。经过几十年的发展，各项公共就业服务功能逐渐走向完善。

一、职业介绍机构逐年增加，功能日渐完善

职业介绍为劳动力市场中供给方与需求方的相匹配提供了一个操作平台，是公共就业服务的核心内容。在我国，职业介绍的主要内容包括 3 个方面的内容：收集职业供求信息、发布职业供求信息、对用人单位招聘人员和劳动者求职提供中介服务等。

1. 职业介绍机构的个数逐年增加

职业介绍是我国公共就业服务机构的主要工作内容之一。随着经济社会的发展和信息化水平的提升，职业介绍机构的个数逐年增加。由此，公共就业服务机构有条件为用人单位和求职者搭建更加高效便捷的交流平台，提供更加开放的公共服务。职业介绍机构的个数是体现公共就业服务的重要指标。表 7.1 主要对 2000～2009 年中部六省职业介绍机构的发展状况进行了描述分析。

表 7.1　2000～2009 年中部六省职业介绍机构数（个）

年份	山西	安徽	江西	河南	湖北	湖南	合计
2000	1969	1886	889	1351	831	788	7714
2001	1180	1740	865	1176	792	788	6541
2002	1113	1767	598	1180	776	910	6344
2003	941	2136	649	1151	887	815	6579
2004	941	1894	1119	1199	1100	640	6893
2005	653	1929	1239	1443	910	852	7026
2006	317	2030	1445	1536	918	932	7178
2007	282	1892	1833	1536	1054	904	7501
2008	285	2198	1901	1585	973	871	7813
2009	282	2501	2084	1591	926	887	8271

职业介绍机构的个数呈现增长趋势，之后各有发展特色。自 2000 年以来江西省和安徽省总体呈直线上升趋势，江西省的增速最快；河南省、湖北省和湖南省三省都呈现平稳缓慢增长态势；山西省则自 2000 年之后一直下降，直至 2014 年为最低点。

原因主要表现在以下几个方面：首先，随着我国社会保障制度的不断发展完善，在公共就业服务方面，我国的职业介绍机构不断发展完善，中部六省的职业介绍机构也在国家政策的引导下逐年增加，从而为经济发展提供更优质的劳动力资源；其次，自 2007 年颁布实施的《中华人民共和国劳动合同法》《中华人民共和国劳动争议调解仲裁法》《中华人民共和国就业促进法》等法律的不断发展完善，为公共就业服务机构的发展创造了良好的制度环境，推动了公共就业服务机构的发展；最后，在中部地区职业介绍机构逐年增加的背景下，山西省的职业介绍机构数一直呈下降趋势，这主要是由于自 2003 年后其本地加大了对职业介绍机构的管控，在全省范围内建立了职业介绍机构信誉评比制度，累计扣 10 分的收缴职业介绍许可证，从而导致山西省的职业介绍机构数量下降。

2. 登记招聘人数和登记求职人数逐年增加

职业介绍的功能主要通过收集和发布职业供求信息的指标，即采用历年登记招聘人数和登记求职人数来显示。登记招聘人数是用人单位对于员工的需求表现，登记求职人数是表现劳动力供给状况的一个主要指标。本书从历年《中国劳动统计年鉴》中获得相关数据，汇总如表 7.2 所示。

表 7.2　2000～2014 年中部六省登记的招聘人数（万人）

年份	山西	安徽	江西	河南	湖北	湖南	合计
2000	17.4	24	32.7	57.0	70.5	62.7	264.3
2001	17.3	35.5	40.8	60.1	78.1	56.1	287.9

续表

年份	山西	安徽	江西	河南	湖北	湖南	合计
2002	13.4	49.8	60.1	60.7	99.3	64.3	347.6
2003	21.0	93.6	55.8	107.1	108.7	59.6	445.8
2004	21.0	115.7	115.6	113.3	124.0	77.6	567.2
2005	33.3	117.3	160.4	113.3	146.5	91.3	662.1
2006	57.9	122.1	155.0	113.3	160.0	97.1	705.4
2007	68.5	136.0	157.8	113.3	179.5	87.4	742.5
2008	53.4	157.0	172.6	113.3	160.4	84.6	741.3
2009	49.7	195.9	181.6	115.6	196.2	86.4	825.4
2010	122.4	247.0	179.2	133.3	236.4	236.9	1155.2
2011	114.4	260.4	170.4	102.1	240.9	239.3	1127.5
2012	113.6	237.8	174.9	264.8	245.5	291.5	1328.1
2013	91.0	276.2	176.6	249.9	204.8	372.1	1370.6
2014	116.9	257.0	245.3	173.3	194.2	199.6	1186.3

登记招聘人数整体呈现上升态势。数据显示，2000 年以来，中部地区的登记招聘人数年平均增速为 16.5%，由 2000 年的 264.3 万人增加至 2014 年的 1186.3 万人。越来越多的企业通过公共就业服务机构来招聘，公共就业服务机构也因此扮演着越来越重要的角色。

2009 年前后，中部地区的登记招聘人数出现大幅度的增长。中部六省登记招聘合计在 2013 年达到最大值 1370.6 万人。其中，湖南省、湖北省和河南省三省登记招聘人数的增速最快；而江西省、安徽省和山西省三省则一直呈现小幅度稳步增长的态势。原因主要表现为以下几点：首先，在金融危机、人民币升值的压力下，以出口为导向的东部沿海加工制造在中部地区寻找廉价地租和廉价劳动力，由此进行产业转移，从而使得中部地区在 2009 年后这一时期出现登记招聘高潮；其次，中部地区的人口逐年增加，劳动力供给较为充足且相对于东部地区劳动力较为廉价，登记招聘人数基数大；再次，中部六省的公共就业服务机构不断发展完善，收集用工信息的能力逐步加强，使得这一时期的登记招聘人数有较大增长趋势；最后，随着网络信息化的发展，招聘信息更公开透明、招聘渠道宽泛、招聘方式更加简便，由此使得登记招聘人数增加。

求职人数是反映失业者向公共就业服务部门寻求帮助的最主要体现指标。表 7.3 是从《中国劳动统计年鉴》中得到的数据汇总。

表 7.3　2000～2014 年中部六省的登记求职人数（万人）

年份	山西	安徽	江西	河南	湖北	湖南	合计
2000	21.3	55.1	46.8	116.1	81.4	81.2	401.9
2001	18.7	46.8	58.9	120.2	90.1	87.0	421.7

续表

年份	山西	安徽	江西	河南	湖北	湖南	合计
2002	16.8	58.2	70.5	81.3	118.0	88.2	433.0
2003	29.4	116.2	61.4	132.2	116.2	90.3	545.7
2004	29.4	127.0	137.5	136.8	121.9	105.6	658.2
2005	35.2	132.4	182.3	136.8	133.1	137.9	757.7
2006	60.9	127.5	158.2	136.8	163.9	149.9	797.2
2007	71.7	130.5	144.9	136.8	161.8	151.6	797.3
2008	53.1	138.0	184.6	136.8	154.3	132.3	799.1
2009	48.3	152.0	193.0	140.5	182.3	120.4	836.5
2010	146.6	166.7	116.2	117.6	190.6	188.7	926.4
2011	108.5	162.1	118.9	132.4	177.2	196.6	895.7
2012	130.5	173.8	160.0	202.7	187.2	230.1	1084.3
2013	83.2	185.0	160.9	188.1	160.5	313.4	1091.1
2014	105.2	202.8	114.6	124.0	147.9	164.5	859.0

登记求职人数也同样呈现上升态势。原来主要靠亲缘关系获取就业信息的途径，逐步转变为主要靠相关就业服务部门。中部地区的登记求职人数都是在 2002 年后出现较大幅度的增长，中部地区登记求职人数 2013 年达到最高值 1091.1 万人。湖南省、湖北省和河南省三省的登记求职人数在 2009 年前后的增速最快；而江西省、安徽省和山西省三省则一直呈现小幅度增长的态势。

原因主要有以下两点：一方面，在面临全球性的经济危机的背景下，我国在这一时期的整体经济出现下滑的状态下，失业率上升，中部地区的登记求职人数也在这一时期达到顶峰；另一方面，中部六省通过调整产业结构进行经济发展的战略转型，在处置大量的不良资产以及压缩生产过剩产业的过程中，使得许多企业进行职工调整和转移就业，从而形成了登记求职的高潮。

3. 职业介绍机构的成效显著

职业介绍成功人数整体呈现上升态势。河南省、安徽省、江西省和湖北省 4 个省份都在 2002 年呈现较高速度的增长并保持一定的增长速度，总体呈直线上升趋势且比较明显；而湖南省和山西省则呈现平稳缓慢增长态势（见表 7.4）。

原因主要有以下几个方面：首先，随着我国的职业介绍机构不断发展完善，中部六省的职业介绍机构也在国家政策的引导下逐年增加，各个职业介绍机构也有竞争，职业介绍成功人数是职业介绍机构效率的体现；其次，中部六省职业介绍机构的登记招聘人数增加对介绍成功人数也有影响，同时职业介绍机构的专业人化服务逐步完善发展，也促使介绍成功人数越来越多；再次，信息网络的发展为职业介绍机构提供了职业介绍快速高效的平台，职业介绍机构通过这一平台提供了更多的就业信息和就业途径。职业介绍机构与被介绍人员也通过网络快速取得联络，实时发布信息，介绍成功的概率更大，因此职业介绍成功人数也呈现逐年增加态势。

表 7.4 2000～2014 年中部六省职业介绍成功人数（万人）

年份	山西	安徽	江西	河南	湖北	湖南	合计
2000	14.3	24.7	26.0	55.9	47.8	39.8	208.5
2001	12.4	27.1	33.3	56.2	49.4	27.2	205.6
2002	11.0	33.6	44.6	42.5	67.1	29.4	228.2
2003	17.9	64.7	39.9	75.9	74.1	35.1	307.6
2004	17.9	64.8	60.5	78.8	76.0	37.7	335.7
2005	20.4	72.2	99.6	78.8	87.3	49.2	407.5
2006	40.6	61.1	94.9	78.8	101.2	56.4	433.0
2007	45.1	66.6	98.5	78.8	109.4	59.2	457.6
2008	37.8	73.2	102.9	78.8	99.6	49.3	441.6
2009	30.4	80.7	109.1	79.1	105.1	34.8	439.2
2010	68.0	84.0	64.8	113.3	95.3	74.1	499.5
2011	56.3	84.5	66.5	37.6	93.3	78.9	417.1
2012	63.8	88.6	70.0	94.9	101.8	92.6	511.7
2013	53.2	90.9	68.9	67.5	73.4	96.0	449.9
2014	49.8	75.9	58.8	64.0	71.0	76.6	396.1

职业介绍成功率可以表示职业介绍机构的服务效率。职业介绍成功率是指职业介绍成功人数与登记求职人数的比例用公式表示如下：

职业介绍成功率＝职业介绍成功人数/登记求职人数

根据以上公式可以得到表 7.5。

表 7.5 2000～2014 年中部六省的职业介绍成功率

年份	山西	安徽	江西	河南	湖北	湖南	六省平均水平
2000	0.6714	0.4474	0.5562	0.4811	0.5872	0.4902	0.5389
2001	0.6651	0.4921	0.7107	0.4839	0.6075	0.3345	0.5490
2002	0.6548	0.5773	0.6326	0.5228	0.5686	0.3333	0.5482
2003	0.6088	0.5568	0.6498	0.5741	0.6377	0.3887	0.5693
2004	0.6088	0.5102	0.4400	0.5760	0.6235	0.3570	0.5193
2005	0.5795	0.5453	0.3686	0.5760	0.6559	0.3568	0.5137
2006	0.6667	0.4792	0.5999	0.5760	0.6174	0.3763	0.5526
2007	0.6290	0.5103	0.6798	0.5760	0.6761	0.3905	0.5770
2008	0.7119	0.5304	0.5574	0.5760	0.6455	0.3726	0.5656
2009	0.6294	0.5309	0.5653	0.5630	0.5765	0.2890	0.5257
2010	0.4641	0.5036	0.5573	0.9630	0.4999	0.3929	0.5635

续表

年份	山西	安徽	江西	河南	湖北	湖南	六省平均水平
2011	0.5186	0.5213	0.5596	0.2836	0.5266	0.4016	0.4686
2012	0.4892	0.5097	0.4378	0.4678	0.5441	0.4023	0.4752
2013	0.6394	0.4914	0.4282	0.3589	0.4573	0.3063	0.4469
2014	0.4734	0.3743	0.5131	0.5161	0.4801	0.4657	0.4704

职业介绍成功率整体呈现稳步态势，介绍成果较好。山西省、湖北省、安徽省和湖南省四省总体呈平稳增长状态，直至2009年后出现下滑趋势，而湖南省一直处于中部地区职业介绍成功率的最低位置；江西省整体呈下滑趋势并在2005年达到最低；河南省自2010年最高值后直线下滑。

原因主要有：中部地区的职业介绍机构在国家政策的引导下逐年增加，使得职业介绍成功人数也相应地增加；然而，这一时期登记求职的人数增长幅度大于同时期的介绍成功人数，所以使得职业机构的介绍成功人数呈整体下滑态势。

二、职业指导人员呈增加态势，就业服务逐渐专业化

职业指导指一定社会组织帮助人们走上职业道路的各种措施体系的总称。具体来说，是为求职者就业、就业稳定、职业发展和用人单位合理用人，提供咨询、指导、帮助的过程。职业指导不仅是求职者与用人单位的工作桥梁与联系纽带，而且具备“授人以鱼”和“授人以渔”的双重就业指导功效，是一种高质量、高水平的就业服务工作，它的发展水平也从一个侧面反映出整个就业服务工作的水平。

不同人在职业发展不同阶段有不同的职业指导需求，职业介绍机构需要提供不同的职业指导服务。而职业指导对象主要包括在读学生、应届毕业生、职场新人、职场中坚、职场达人。

1. 职业指导人员稳中有升

职业指导人员是为求职者就业、职业发展和用人单位合理用人提供咨询、指导及帮助的人员，是衡量职业指导效率的主要人员表现方式。随着科学技术的不断发展更新，职业指导人员呈现专业化的发展态势。而职业指导专业化能够更好地解决由于职业种类多样化和职业机构复杂性带来的求职困难；同时，现代职业结构也呈现极强的智力性和流动性特点，从而对职业指导人员的高效率和职业指导人员的专业化提出新的推动力。表7.6将从中部六省的职业指导人员数来分析职业指导的基本情况。

表7.6　2000～2014年中部六省的职业指导人数（万人）

年份	山西	安徽	江西	河南	湖北	湖南	合计
2000	9.9	18.0	21.0	72.5	50.0	50.4	221.8
2001	15.0	26.3	23.7	75.2	53.3	64.3	257.8

续表

年份	山西	安徽	江西	河南	湖北	湖南	合计
2002	11.6	26.1	26.2	44.1	65.2	62.8	236.0
2003	13.7	57.4	33.0	66.0	79.4	55.1	304.6
2004	13.7	55.0	47.2	68.5	91.7	94.3	370.4
2005	24.9	54.9	67.2	68.5	100.3	98.2	414.0
2006	40.2	63.5	91.6	68.5	155.1	123.5	542.4
2007	44.8	75.4	82.4	68.5	124.0	111.2	506.3
2008	26.8	82.1	88.4	68.5	111.1	92.8	469.7
2009	35.2	83.8	96.1	70.0	124.6	97.2	506.9
2010	53.8	77.9	60.9	38.1	123.9	166.8	521.4
2011	32.8	86.0	56.9	48.8	122.0	159.8	506.3
2012	32.6	76.2	71.0	84.6	116.7	145.4	526.5
2013	25.2	72.1	70.6	86.3	92.1	160.5	506.8
2014	21.6	81.5	50.3	60.7	88.2	132.2	434.5

职业指导人员数整体逐年上升。通过表 7.6 可以看出，中部地区的职业指导人员数整体自 2002 年后逐年增长，在 2006 年前后达到最高峰。其中，湖北省和湖南省两省的增长幅度较大，湖南省则在 2010 年达到最高值 166.8 万人，在中部六省中处于领先位置。安徽省、江西省和河南省三省整体呈现缓慢增长态势。山西省也呈现缓慢增长态势并处于中部地区的最低位置。

职业指导人员的增加，表明中部地区就业服务机构能够为求职者提供专门的职业指导、专业化的就业咨询，这样不仅有利于求职者尽快就业，而且更有利于求职者日后的职业发展。就业服务也因此更加专业化，所以职业指导人员的增加是就业服务专业化的表现。

2. 职业指导人员充足率维持平稳

以下将采用职业指导充足率这一指标来进一步比较就业指导人数情况，由此来说明职业指导人员对职业指导的重要性和必要性。具体公式为

职业指导充足率＝职业指导人数/登记求职人数

职业指导充足率不断增加。如表 7.7 所示，中部六省职业机构的职业指导充足率与职业指导人数的变动幅度较为一致，整体自 2000 年后呈现增长趋势，而在 2006 年前后整体呈现下滑态势。其中，湖北省和湖南省两省的职业指导充足率一直处于六省份中的前两位，湖北省在 2006 年出现六省中的最高值，达到 94%；而河南省、山西省、安徽省和江西省四省则呈整体下降趋势。

表 7.7　2000～2014 年中部六省的职业指导充足率

年份	山西	安徽	江西	河南	湖北	湖南	六省平均水平
2000	0.4648	0.3267	0.4487	0.6200	0.6143	0.6207	0.5389
2001	0.8021	0.5620	0.4024	0.6300	0.5916	0.7391	0.5490
2002	0.6905	0.4485	0.3716	0.5400	0.5525	0.7120	0.5482
2003	0.4660	0.4940	0.5375	0.5000	0.6833	0.6102	0.5693
2004	0.4660	0.4331	0.3433	0.5000	0.7523	0.8930	0.5193
2005	0.7074	0.4147	0.3686	0.5000	0.7536	0.7121	0.5137
2006	0.6601	0.4980	0.5790	0.5000	0.9463	0.8239	0.5526
2007	0.6248	0.5778	0.5687	0.5000	0.7664	0.7335	0.5770
2008	0.5047	0.5949	0.4789	0.5000	0.7200	0.7014	0.5656
2009	0.7288	0.5513	0.4979	0.5000	0.6835	0.8073	0.5257
2010	0.3670	0.4673	0.5241	0.3200	0.6501	0.8839	0.5635
2011	0.3023	0.5305	0.4786	0.3700	0.6885	0.8128	0.4686
2012	0.2498	0.4384	0.4438	0.4200	0.6234	0.6319	0.4752
2013	0.3029	0.3897	0.4388	0.4600	0.5738	0.5121	0.4469
2014	0.2053	0.4019	0.4389	0.4900	0.5963	0.8036	0.4704

究其原因，主要有以下几个：首先，以市场为基础配置人力资源运行机制是职业指导产生和发展的内在动力，市场经济发育使劳动力要素状况开始影响就业竞争与聘用竞争，从而激励就业者注重职业的选择和岗位需要的变化，并不断提高自己的职业技术素质和市场应变能力，扩大自己的就业适应面而增加就业机会，因此，职业指导在个人生活历程中的作用将日益明显；其次，随着我国职业教育和高等教育的扩招，在 2006 年前后中部六省也响应国家政策，加大对职业教育的投入，增加职业教育的招生，从而使得这一时期职业指导人员增加，为职业介绍机构提供更多的专业化人才；最后，2008 年前后中部六省的职业指导人员数呈下滑趋势，主要受金融危机的影响，国家公共就业服务方面的投入不足。

三、创业指导逐步受到重视

我国关于创业指导的统计数据产生较晚，在《中国劳动统计年鉴》中只有 2011 年之后才有创业服务人数这一项。因此，本书仅分析 2010～2014 年 5 年间中部六省份的创业指导情况。

创业指导属于职业指导的一项内容，创业服务是对创业者提供创业指导、创业咨询、创业帮助的服务模式。它是创业企业和创业个人在事业发展中寻求外部支持，减少创业风险，取得成功的重要因素。创业服务不仅仅提供资金，也不仅仅提供帮助销售产品或提供人才等服务，还包括针对创业者进行分析研究，提出针对性的解决方案，是综合性管理和咨询服务。以创业带动就业是国家促进就业的基本方针，创业在一定程度上可以缓解就业压力，提高就业水平。

中部地区的创业服务比例整体呈上升趋势。如表 7.8 所示，湖南省的增长幅度最大，到 2014 年达到最高值 0.5，近乎其他 5 个省份的两倍，创业服务力度较大；河南省创业服务比例的变化较为突出，在 2010 年和 2013 年出现两次波峰，创业服务占职业指导服务的比例较高；而其他 4 个省份则一直呈现稳步增长的态势。

随着市场经济的不断发展，近些年国家对创业服务的国家政策方针也在不断地涌出，从而使得创业环境不断优化，创业生态日益完善。曾经以孵化器为代表的创业服务机构逐渐向创业投资、多元化服务迈进，进而从服务形态上提高自身质量，同时加大对创业项目的入孵审核力度，在入孵门槛、资源配置、服务质量、盈利模式等方面都有了实质性的创新，呈现出第三代创业服务新景象。

表 7.8　2010～2014 年中部六省的创业服务比例

年份	山西	安徽	江西	河南	湖北	湖南	六省平均水平
2010	0.06	0.13	0.09	0.35	0.08	0.08	0.13
2011	0.09	0.13	0.12	0.04	0.07	0.07	0.09
2012	0.08	0.15	0.12	0.10	0.12	0.11	0.11
2013	0.21	0.12	0.12	0.31	0.11	0.20	0.18
2014	0.21	0.13	0.17	0.18	0.13	0.50	0.22

注：创业服务比例＝创业服务人数/职业指导人数

四、就业培训稳步发展

随着经济不断发展，社会保障对公共就业服务的就业培训也逐渐完善，整个社会对新增就业劳动力和在职劳动者的能力提出新要求。以培养和提高素质及职业能力为目的的教育和训练活动，以及以培养劳动者的就业技能、创业能力为重点，以提高劳动者职业技能和适应职业变化能力为目的的就业训练机构积极发挥组织作用。由此，应实现培训需求与培训资源的有效对接，突出产业技能培训重难点，并且进一步增强培训的针对性、实用性和有效性。

总之，就业培训主要是以就业引导培训，培训促进就业，为广大劳动者尽快实现就业、再就业提供服务的服务。以下将从两方面描述中部六省的就业培训现状。

1. 中部地区在职教职工人数平稳增加

培训机构的教职工人数可以表明培训机构的发展情况，教职工人数增加，表明培训机构的规模不断扩大，在就业培训方面发挥着越来越重要的作用。如表 7.9 所示，中部地区就业培训机构的在职教职工人数，总体看来是不断增加的，2001 年为 1.2 万人，以后逐年上升，2009 年为 1.85 万人，以后则表现为下降，但是总体来看是处于上升趋势的。中部六省中湖南省的在职教职工人数较多，其次是湖北省；山西省和安徽省较少，但是这两省的增长速度最大，增长趋势明显。

表 7.9　2001～2014 年中部六省的在职教职工总数（万人）

年份	山西	安徽	江西	河南	湖北	湖南	合计
2001	0.04	0.05	0.11	0.13	0.19	0.68	1.20
2002	0.04	0.07	0.12	0.12	0.20	0.83	1.37
2003	0.07	0.09	0.16	0.14	0.22	0.47	1.15
2004	0.12	0.09	0.15	0.15	0.19	0.50	1.20
2005	0.09	0.06	0.17	0.15	0.27	0.55	1.28
2006	0.08	0.12	0.17	0.15	0.21	0.54	1.27
2007	0.12	0.10	0.26	0.15	0.28	0.61	1.52
2008	0.10	0.16	0.25	0.15	0.31	0.68	1.66
2009	0.25	0.14	0.35	0.15	0.36	0.59	1.85
2010	0.11	0.15	0.38	0.15	0.27	0.60	1.66
2011	0.12	0.15	0.37	0.17	0.21	0.60	1.62
2012	0.13	0.15	0.31	0.18	0.20	0.48	1.46
2013	0.14	0.15	0.29	0.21	0.17	0.46	1.42
2014	0.14	0.15	0.13	0.21	0.20	0.29	1.12

2. 就业培训效果显著

为了对中部地区的公共就业训练的成效进行评价，以下引入训练/就业比率这一指标来进行比较计算。

训练/就业比率是指经就业训练中心培训后能顺利就业的比率，这一指标在一定程度上反映了就业训练中心培训后再就业的成果。计算公式为

训练/就业比率（万人/万人）＝就业人数/就业训练人数

中部六省的训练就业人数总体呈上升态势，培训效果显著。如表 7.10 所示，从数据上可以看出，2001～2004 年中部训练/就业比率的平均水平在 0.6 徘徊，表明参加培训的 60%左右的人会再次就业；2005 年以后除了 2009 年稍低外，其他各年逐年上升，基本上在 0.8 左右，表明参加培训人员中 80%的人实现再就业，很明显，就业培训效果提高了不少。

表 7.10　2001～2013 年中部六省训练/就业比率

年份	山西	安徽	江西	河南	湖北	湖南	平均水平
2001	0.87	0.44	0.67	0.54	0.61	0.63	0.63
2002	0.52	0.56	0.45	0.41	0.60	0.60	0.52
2003	0.74	0.55	0.72	0.67	0.62	0.81	0.68
2004	0.57	0.59	0.71	0.80	0.68	0.77	0.69
2005	0.68	0.68	0.67	0.80	0.73	0.81	0.73
2006	0.75	0.60	0.70	0.80	0.74	0.81	0.73
2007	0.75	0.73	0.75	0.80	1.02	0.85	0.82
2008	0.75	0.77	0.76	0.80	0.77	0.82	0.78
2009	0.47	0.73	0.65	0.80	0.37	0.84	0.64

续表

年份	山西	安徽	江西	河南	湖北	湖南	平均水平
2010	0.56	0.78	0.84	0.80	0.70	0.82	0.75
2011	0.58	0.92	0.87	0.78	0.78	0.87	0.80
2012	0.61	0.99	0.92	0.78	0.78	0.78	0.81
2013	0.48	0.95	0.88	0.66	0.71	0.89	0.76
2014	0.47	0.92	0.84	0.57	0.71	0.86	0.73

原因如下：一方面，就业培训中专业的教师团队使得参加就业训练的人员具有更高的专业素养，提高了就业训练人员的整体专业水平和技术能力；另一方面，国家对就业培训的财政补贴逐年增加，促使中部六省对就业服务机构的服务完善，提供更优质的基础设施，同时增加就业训练中心的人力资源开发，由此提高了就业人数，增加了就业训练效率。

第二节　中部地区公共就业服务效率的评价

一、Malmquist DEA 方法简述

Malmquist 生产率指数最初用来分析不同时期的消费变化，后来，这一理论把一种非参数线性规划法与数据包络分析法理论相结合，建立了用来考察全要素生产率增长的 Malmquist 生产力指数。现阶段这一方法被广泛应用于各个行业生产效率的测算，并为地区与国际间的效率测算和比较提供了理论基础和技术支持。

Malmquist 生产率指数的含义及取值说明如下。

全要素生产率变化（TFPch）：其被分解为技术变动（Techch）与技术效率变动（tech），因此，它的高低取决于技术效率变化和技术进步变化的影响。全要素生产率，实际代表投入要素综合利用效率的高低。如果值大于 1，说明公共就业服务使用投入要素的效率得到提高；反之，则下降。

技术效率变化（Effch）：表示在给定投入的情况下被评价对象获取最大产出的能力。如果值大于 1，说明在投入一定的情况下，公共就业服务的产出能力提高；反之，则存在产出能力相对下降的问题。同时，技术效率值的变化受纯技术效率变化与规模效率变化的共同影响。

技术进步变化（Techch）：技术进步变化取决于新技术设备和人员的使用水平等，如果大于 1，可以说明公共就业服务的技术手段有所提高；反之，则相对下降。

规模效率变化（Sech）：通过比较不同时期的效率来反映规模效率的变动；表示被评价对象是否在最合适的投资规模下进行经营的规模效应。如果值大于 1，在现有制度和管理水平下，现有规模与最优规模之间的差异缩小，规模效应优化；反之，则恶化。

纯技术效率变化（Pech）：表示被评价对象技术运用水平变化所产生的效果，

主要为制度、管理水平及技术带来的效率。如果值大于 1，说明公共就业服务的管理水平、技术等的运用水平有所提高；反之，则下降。

为了对中部公共就业服务效率进行详尽的评价，以下将通过 Malmquist DEA 研究方法，分别从职业介绍效率和就业培训效率两个方面，在对中部六省及东部的部分省份比较的基础上，以全要素生产率变化及技术效率变化指标来具体进行公共就业服务效率的评价研究。

二、公共就业服务效率的年度评价

1. 职业介绍效率的年度评价

投入（input）：职业介绍机构数、职业指导人员。

产出（output）：登记招聘人数、登记求职人数、介绍成功人数。

决策单元（DUM）个数：6。

时期数（period）：15。

计算方法：产出角度、规模报酬不变、Malmquist DEA。

计算结果如表 7.11 所示。

表 7.11 2001～2014 年中部六省职业介绍 Malmquist DEA 分析表

年份	技术效率值变化指数（Effch）	技术进步变化指数（Techch）	纯技术效率变化指数（Pech）	规模效率变化指数（Sech）	全要素生产效率变化（TFPch）
2001	0.901	1.024	0.965	0.934	0.922
2002	0.881	1.270	0.924	0.936	1.119
2003	1.269	0.808	1.096	1.158	1.026
2004	0.999	1.082	1.004	0.995	1.081
2005	0.867	1.146	0.954	0.909	0.994
2006	1.129	0.906	1.033	1.093	1.023
2007	1.037	0.947	1.015	1.021	0.981
2008	0.995	1.017	1.000	0.995	1.012
2009	0.942	1.004	1.000	0.942	0.946
2010	0.926	1.791	0.983	0.942	1.658
2011	0.842	1.136	1.011	0.834	0.957
2012	1.136	1.189	0.981	1.157	1.350
2013	0.930	0.915	0.987	0.943	0.851
2014	0.728	1.434	1.034	0.704	1.043
年均增长	0.961	1.096	1.000	0.961	1.054

注：大于 1 说明效率值比上一年是增长的，小于 1 说明下降，等于 1 说明不变。

首先，从技术效率角度看，中部地区职业介绍的产出能力大部分年份处于相对下降状态。从表 7.11 中可以看出，技术效率下降年份占总年份的比例达到了 71.4%。技术效率的下降，意味着中部六省职业介绍的产出能力相对下降。技术效率值的大小取决于纯技术效率变化与规模效率变化的影响，并且从表中可以看出规模效率变化对技术效率的抑制作用更为显著。

中部六省公共职业介绍的产出能力相对下降的原因主要有以下几个方面。第一，中部六省职业介绍机构的规模较小，综合服务场所面积较小，以河南为例，省市级综合服务场所的面积为 800～1000 平方米，县级仅为 200 平方米左右，机构数量与服务场所面积的限制，严重阻碍了中部六省职业介绍服务的效率水平。第二，中部六省政府资金支持人均规模较小，未能够形成最佳的规模效应。中部六省公共就业服务中，人均经费低于全国平均水平，甚至仅为东部重要省份的 33%。公共职业介绍作为政府公共性服务，政府财政支持力度较小直接影响着中部六省公共职业介绍服务的规模水平，进而导致了其公共职业介绍产出能力相对不足的状况。第三，中部六省公共职业介绍中职业指导人员的数量与需要职业指导的人员相比显著不足。中部六省单位就业培训机构从业人员的数量为 13 人，低于东部地区的 17 人和全国平均水平的 14 人，这与中部六省每年新增就业人口的数量不成正比。工作人员的数量没有达到最优的规模水平，同样是导致中部六省公共职业介绍产出相对不佳的重要原因。综上，职业介绍机构规模较小、资金支持力度不足，以及工作人员的数量相对较少是导致中部六省公共职业介绍产出能力大多数年份处于相对下降状态的主要原因。

其次，从全要素生产效率角度看，中部地区职业介绍对投入要素的综合利用效率大部分年份处于相对提高状态。从表 7.11 中可以看出，中部六省职业介绍的全要素生产效率增长年份占比较大，达到了 64.3%。全要素生产率的变化主要受技术进步变化和技术效率变化的影响，并且技术进步增长年份呈现的拉动作用更为显著。因此，引起中部六省公共职业介绍对投入要素综合利用效率不断提高的因素，主要是中部六省公共职业介绍服务的信息网络化水平得到了不断提高。目前，中部六省各个省份逐渐搭建起五级联网的公共就业服务信息网络平台，覆盖率基本达到了 50%。信息网络平台的建立和运用，加速了招聘职位以及求职信息的搜集与传递效率，提高了职位信息供需的匹配水平，从而有效地提高了中部六省公共职业介绍工作对人力等投入要素的综合利用效率。

最后，从年均增长角度看，中部地区职业介绍的产出能力不断下降，但对投入要素的综合利用效率不断提高。从表 7.11 中可以看出，中部六省公共职业介绍的技术效率值年均下降 3.9%，而全要素生产效率值年均增长 5.4%。技术效率值下降主要是由于纯技术效率年均增长保持不变，规模效率年均增长值为 0.961 引起的。因此，中部六省公共职业介绍存在的主要问题即规模水平未达到最优水平。而全要素生产效率不断提高的主要原因是技术进步年均增长水平为 9.6%，表现出了显著的带动能力。因此，中部六省公共职业介绍的优势即为技术手段较为先进。总体来看，由于全要素生产效率的年均增长值大于 1，说明 2000～2014 年间，中部六省职业介绍效率表现出逐渐增高的趋势。

为了能够更直观地进行研究，下文采用效率累积变化的分析方法（见表 7.12 和图 7.1），分析中部六省职业介绍的效率变化问题。

表 7.12　2000～2014 年中部地区职业介绍效率累积变化

年份	效率累积变化	全要素生产效率累积变化	年份	效率累积变化	全要素生产效率累积变化
2000	1.00	1.00	2008	1.078	1.158
2001	0.901	0.922	2009	1.02	1.104
2002	0.782	1.041	2010	0.946	1.762
2003	1.051	1.067	2011	0.788	1.719
2004	1.05	1.148	2012	0.924	2.069
2005	0.917	1.142	2013	0.854	1.92
2006	1.046	1.165	2014	0.582	1.963
2007	1.083	1.146	—	—	—

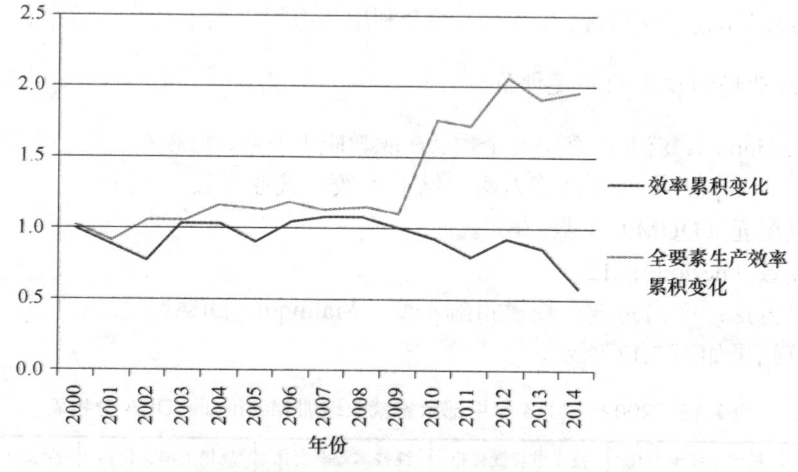

图 7.1　2000～2014 年中部六省职业介绍效率累积变化趋势

从图 7.1 中可以得出如下结论。

第一，中部六省公共职业介绍服务对投入要素的综合利用效率基本保持上升的趋势，并在 2010 年出现激增的情况。首先，全要素生产效率一直为上升的态势，从表 7.12 中可以看出，技术进步的年均增长达到了 9.6%。一方面，在管理水平上，对劳动力和企业进行网络化管理，分别建立就业需求平台和企业招聘平台，有效确保了中部六省公共职业介绍服务的便捷、及时、精准和高效；另一方面，在信息技术运用水平上，不断强化信息技术在公共职业介绍服务中的应用，向社会提供及时、准确的就业信息，从而技术应用水平的进步带动了全要素生产效率的不断提高；其次，2010 年中部六省全要素生产效率大幅度上升，2010 年中部六省各省所出台的相关推进公共职业介绍的政策较为密集，政策的颁布促进了公共职业介绍服务的发展，因此，2010 年中部六省公共职业介绍服务对所投入要素的综合利用效率出现了激增的情况。

第二，中部六省公共职业介绍的产出能力长期以来存在产出能力不足的情况。从图 7.1 中可以看出，效率累积变化呈现出波浪式小幅下降的态势。引起产出能力不足的主要原因则是中部六省公共职业介绍服务未达到最优规模水平，没有发挥出规模效益。因此，中部六省需要不断提高职业介绍机构的质和量，与高校合作并招聘更多高素质的职业介绍指导人员，同时，公共职业介绍服务作为政府的公益性财政支出，要加大政府的资金支持力度，并不断提高资金利用的效率和水平。

第三，整体来看，中部六省公共职业介绍服务对投入要素的综合使用效率始终高于产出效率水平。从图 7.1 中可以看出，全要素生产效率的累积变化值始终高于效率累积变化值。一方面，对于全要素生产效率累积变化来说，管理水平、信息技术应用水平等技术进步因素不断提高了对投入要素的综合利用效率；另一方面，对于效率累积变化而言，未达到最佳的规模水平是制约效率提高的重要因素。因此，中部六省公共职业介绍对投入要素的综合利用效率始终高于其产出效率。

2. 就业培训效率的年度评价

投入（input）：就业训练中心个数、在职教职工人数、财政补助费、就业培训费。

产出（output）：就业训练人数、结业人数、就业人数。

决策单元（DUM）个数：6。

时期数（period）：12。

计算方法：产出角度、规模报酬不变、Malmquist DEA。

计算结果如表 7.13 所示。

表 7.13　2002～2014 年中部六省就业培训 Malmquist DEA 分析表

年份	技术效率值变化指数（Effch）	技术进步变化指数（Techch）	纯技术效率变化指数（Pech）	规模效率变化指数（Sech）	全要素生产效率变化（TFPch）
2002	1.132	0.927	1.104	1.0025	1.05
2003	0.762	0.954	0.927	0.822	0.727
2004	1.105	0.69	1.01	1.095	0.763
2005	0.999	1.049	0.967	1.033	1.048
2008	1.042	1.206	1.104	0.944	1.257
2009	1.059	0.95	1	1.059	1.006
2010	0.867	0.972	0.952	0.911	0.843
2011	1.036	0.934	1.028	1.008	0.968
2012	1.059	0.907	1.021	1.037	0.961
2013	1.131	0.841	0.994	1.137	0.95
2014	0.903	0.949	0.98	0.922	0.857
年均增长	1.002	0.944	1.007	0.995	0.995

注：1. 大于 1 说明效率值比上一年是增长的，小于 1 说明下降，等于 1 说明不变。

2. 剔除了 2006 年、2007 年的异常数据。

首先，从技术效率角度看，就业培训的产出能力基本处于提高与下降的交叉变化状态，而提高年份略多于下降年份。从表 7.13 中可以看出，技术效率提高的年份占总年份的比例达到了 53.8%。总体而言，中部六省公共就业服务中，就业培训的技术效率增减变化并不明显。技术效率值的大小取决于纯技术效率变化与规模效率变化的影响，并且从表中可以看出，纯技术效率变化对技术效率的提高有一定的抑制作用。因此，中部六省公共就业培训的产出能力没有得到明显提高的主要原因有以下两个方面。一方面，中部六省就业培训机构的管理水平与效率不高。对求职人员的培训而言，公共就业培训模式缺乏创新，专业设置的更新滞后于市场需求的变化。另一方面，在职教职工运用新技术的熟练程度较低。在职教职工新技术的掌握程度与公共就业培训部门人力资源培训工作密切相关，但就中部六省而言，在职教职工的培训工作未受到足够的重视。培训方式落后、培训内容缺乏针对性，以及培训工作没有相应的考核制度，致使在职教职工的培训工作没有达到实质效果。综上，以上两个方面的原因，阻碍了中部六省公共就业培训工作产出能力的提高。

其次，从全要素生产效率看，就业培训对投入要素的综合利用效率大部分年份处于相对下降的状态。从表 7.13 中可以看出，中部地区就业培训的全要素生产效率下降年份占比较大，达到了 63.6%。从表中可以看出，技术进步下降对全要素生产率变化呈现的抑制作用更为显著。因此，中部地区公共就业培训服务对所投入要素的综合利用效率不断下降的原因主要有以下几点。第一，中部地区公共就业培训机构的基础设施不完善，中部地区的就业培训机构硬件投入不足，环境条件较差等。第二，中部地区公共就业培训服务的指导人员的综合素质不高。一方面，中部地区公共就业培训人员的专业化程度低，大多数服务指导人员的素质参差不齐，培训工作的专业化知识不足，外聘的专业指导人员只占少数，因此大部分就业培训的服务人员接受和运用新知识的能力有所下降，延长了适应信息化网络技术更新与应用周期，增加了时间成本，同时，对实际工作中所遇到的问题，也不能够高效而正确地做出决策。另一方面，中部地区公共就业培训人员的服务理念、学习理念不强，由于是政府的公益性机构，“官本位”思想依然存留，严重阻碍了就业培训人员的综合素质的全面提升。综上，在技术进步因素持续下降的抑制作用下，中部六省公共就业培训工作对投入要素的综合利用效率出现了大部分年份相对下降的状态。

最后，从年均增长角度看，就业培训的产出能力基本保持不变，但对投入要素的综合利用效率不断小幅下降。从表 7.13 中可以看出，中部六省公共就业培训的技术效率值年均增长 0.2%，而全要素生产效率值年均下降 0.5%。技术效率值小幅度提高主要是由于纯技术效率年均增长 0.7%，而规模效率年均下降 0.5%，两者的变化幅度都较小，因此，整体而言，中部六省公共就业培训年均变化基本保持不变。而全要素生产效率出现小幅下降的主要原因是技术进步年均下降水平为 5.6%，表现出了明显的抑制作用。总体来看，由于全要素生产效率的年均变化值小于 1，说明 2001～2014 年间，中部六省的就业培训效率表现出逐渐降低的趋势。

为了能够更直观地进行研究，下文采用效率累积变化的分析方法（见表 7.14 和图 7.2），分析中部六省职业介绍的效率变化问题。

表 7.14　2001～2014 年中部六省就业培训效率累积变化

年份	效率累积变化	全要素生产效率累积变化	年份	效率累积变化	全要素生产效率累积变化
2001	1	1	2009	1.1	0.851
2002	1.132	1.05	2010	0.967	0.694
2003	0.894	0.777	2011	1.003	0.662
2004	0.999	0.54	2012	1.062	0.623
2005	0.999	0.588	2013	1.193	0.573
2008	1.041	0.845	2014	1.096	0.43

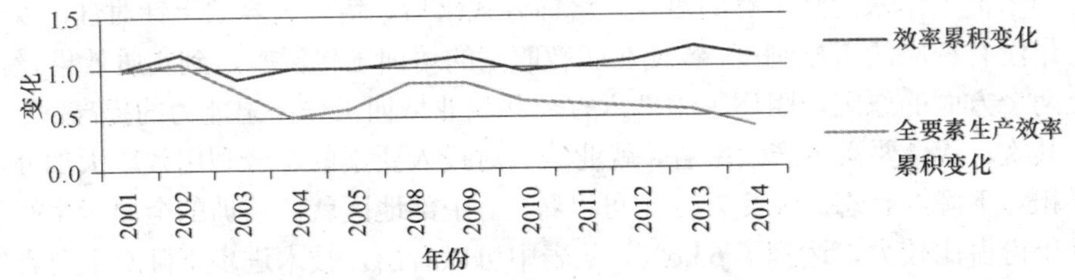

图 7.2　2000～2014 年中部六省就业培训效率累积变化趋势

由图 7.2 可以得出如下结论。

第一，中部六省公共就业培训服务对投入要素的综合利用效率总体表现出不断下降的趋势。全要素生产效率基本呈现出下降的态势。从表 7.14 中数据计算可知，技术进步的年均变化值为−5.4%，一方面在硬件配套上，信息网络建设稍有滞后。目前，中部六省都还没有建立各省统一的就业培训服务应用软件和信息数据库，甚至部分乡镇的网络信息平台形同虚设，严重阻碍了就业培训对投入要素的综合利用效率与水平；另一方面在信息技术运用水平上，中部六省公共就业培训服务人员的专业化程度不能满足信息技术应用的要求。在中部六省中的三线与四线城市，这种现象尤为突出，致使信息网络的投入使用不能最大限度地发挥出提高效率的优势作用。因此，整体而言，中部六省公共职业介绍服务对所投入要素的综合利用效率总体表现出了不断下降的情况。

第二，中部六省公共就业培训的产出能力长期以来不断提高。从图 7.2 中可以看出，效率累积变化呈现出波浪式小幅上升的态势。引起产出能力不断提高的主要原因则是中部六省公共就业培训服务逐渐接近最优规模水平，实现规模效益。因此，中部六省需要保持并提高职业介绍机构的质和量，与高校合作并招聘更多高素质的就业培训指导人员，同时，政府要继续加大政府的资金支持力度，提高人均补助水平。

第三，整体来看，中部六省公共就业培训服务的产出效率水平始终高于投入要素的综合使用效率。从图 7.2 中可以看出，效率累积变化值始终高于全要素生产效率的累积变化值。一方面，对于效率累积变化来说，人员管理水平、信息管理水平、信息技术应用水平，以及激励、奖励、考核等制度的进一步完善，能够有效提高中部六省公共就业培训的总体效率水平；另一方面，对于全要素生产效率累积变化而言，信息网络平台未实现统一、规范化应用是制约中部六省公共就业培训对投入要素综合利用效率提高的重要因素。因此，中部六省公共就业培训的产出效率始终高于其对投入要素的综合利用效率。

三、公共就业服务效率的区域比较

1. 职业介绍效率的区域比较

2000～2014 年中部、东部及全国职业介绍全要素生产效率的平均变化情况表现出如下两点特征。

1）2000～2014 年，中部六省公共职业介绍服务对投入要素的综合利用效率有大幅度的提高。从表 7.15 中可以看出，中部六省公共职业介绍的全要素生产效率平均变化为正值 5.4%，即平均全要素生产效率表现出增长的状况，且增长幅度较小。2000～2014 年，中部六省公共职业介绍服务对投入要素综合利用效率整体有所提高的原因有以下几个：第一，五级联动的公共就业服务网络逐渐得到推广并建立，在技术层面对投入要素的综合利用效率提供了支持；第二，中部六省政府对公共职业介绍服务的资金投入规模逐年提高，政府的财政支持力度是决定公共职业介绍服务发展水平的直接因素；第三，自媒体等新兴媒体的兴起，为公共职业介绍的信息传播带来了便利，以传播快、受众广等特点，在一定程度上提高了公共职业介绍对投入要素的综合利用效率。

2）区域总体比较而，2000～2014 年，中部六省公共职业介绍服务对投入要素的综合利用效率低于东部和全国平均水平。由表 7.15 可知，中部六省全要素生产效率的平均增长率为 5.4%，低于东部平均水平，但高于全国平均水平。存在这种情况的原因分析如下。一方面，中部六省总体经济技术发展水平相对落后。在区域比较中，中部六省较为落后的经济技术水平，在一定程度上影响了新技术和科技在公共职业介绍服务中的应用与推广。另一方面，中部六省的职业指导人员远低于东部地区与全国平均水平。东部六省职业指导人员的数量约是中部地区的 2 倍，工作人员的投入量严重不足，从而影响了中部六省地区职业介绍服务对投入要素的综合利用效率。

表 7.15　2000～2014 年职业介绍效率的区域效率评价

地区	技术效率值变化指数（Effch）	技术进步变化指数（Techch）	纯技术效率变化指数（Pech）	规模效率变化指数（Sech）	全要素生产效率变化（TFPch）
中部六省平均水平	−3.9	9.6	0	−3.9	5.4
东部水平水平	0.1	5.4	1	−0.8	5.5
全国平均水平	2.7	0.9	3.1	−0.4	3.6

注：为正值说明 15 年来效率平均值是增长的，为负值则下降，为 0 则不变。

2000～2014 年中部、东部及全国的公共职业介绍效率平均变化有如下特征。

1）2000～2014 年中部六省公共职业介绍服务的产出能力大幅度下降。中部六省公共职业介绍效率的平均变化为负值，并且值为−3.9%，即中部六省公共职业介绍平均效率表现出大幅度下降的状态。2001～2014 年中部六省公共职业介绍服务的产出能力整体大幅度下降是由于规模效率不足引起的，主要表现在以下两个方面：第一，中部六省职业指导充足率整体而言较低；第二，公共职业介绍的人均财政支持规模较小。

2）区域总体比较而言，2000～2014 年中部六省公共职业介绍服务平均产出能力表现出下降的趋势，而东部地区和全国水平则保持着上升的态势。由表 7.15 可知，中部六省公共职业介绍服务效率的平均增长率为−3.9%。存在这种情况的原因主要有以下两个：第一，公共职业介绍机构的数量及服务场所的面积相对较少；第二，中部六省的职业介绍的网络信息化水平普及率与其他区域相比较少，尤其是与东部地区相比。

2. 就业培训效率的区域评价

由表 7.16 可知，2001～2014 年各区域就业培训全要素生产效率的平均变化情况表现出如下两点特征。

1）2001～2014 年，中部六省公共就业培训服务对投入要素的综合利用效率不断下降。从表 7.16 中可以看出，中部六省公共就业培训服务的全要素生产效率平均变化为负值，即大部分省份的全要素平均生产效率表现出下降的状况。2001～2014 年，中部六省公共就业培训服务对投入要素的综合利用效率水平不断下降的原因主要有以下几个方面：第一，中部六省公共就业培训从业人员的综合素质水平及服务理念有待进一步提高；第二，中部六省的师生比较低，东部的师生比是中部地区及全国平均水平的 1.5 倍。在职教职工人数不足，是导致中部六省公共就业培训对投入要素的综合利用效率下降的重要原因。

2）区域总体比较而言，2001～2014 年，中部六省、东部及全国公共就业培训服务对投入要素的综合利用效率的平均水平不断下降，其中，中部六省平均水平的下降幅度最为明显。由表 7.16 可知，中部六省全要素生产效率的平均增长率为−3.8%，低于全国平均水平，位于 3 个区域的第三位。中部六省的公共就业培训存在这种情况的原因如下：第一，培训内容设置不合理，培训课程与市场需求存在脱节现象；第二，中部六省平均水平的下降幅度最为明显，中部六省公共就业培训的基础设施条件低于东部和全国平均水平，中部地区的城镇化率及经济发达程度低于东部地区，市县的公共就业培训基础设施不完善是导致中部公共就业培训服务对投入要素的综合利用效率不断下降的因素。

表 7.16　2001～2014 年就业培训的区域效率评价

地区	技术效率值变化指数（Effch）	技术进步变化指数（Techch）	纯技术效率变化指数（Pech）	规模效率变化指数（Sech）	全要素生产效率变化（TFPch）
中部六省平均水平	0.2	−3.8	−0.3	0.3	−3.8
东部水平水平	2.5	−5.3	2.7	−0.2	−3
全国平均水平	0.8	−2.8	0.9	−0.1	−2

注：为正值说明效率平均值是增长的，为负值则下降，为 0 则不变。

2001～2014 年各区域就业培训效率的平均变化有如下两点特征。

1）2001～2014 年，中部六省公共就业培训服务的产出能力不断上升，但上升幅度较小。从表 7.16 中可以看出，中部六省公共就业培训服务的效率为正值 0.2%，即中部六省平均效率表现出提高的状态。2001～2014 年，中部六省公共就业培训服务的产出能力不断小幅度提高的原因主要有以下两个：第一，中部六省公共就业培训的管理水平不断得到提高，但在管理中组织制度等方面还需进一步完善；第二，中部六省公共就业培训在职人员对新技术的运用水平得到了提高，但受就职培训等的影响，掌握的熟练水平较低。

2）2001～2014 年，各个区域的公共就业培训服务产出能力不断提高，但中部六省的增长幅度较小，平均增长水平位于第三位。由表 7.16 可知，各个区域效率的平均增长率均为正值，但中部六省仅为 0.2，远低于东部和全国平均水平。各个区域公共就业培训存在这种情况的原因如下：一方面，各个区域公共就业培训服务的产出能力不断提高，主要与财政补贴规模不断扩大、新技术在就业培训中的普及密切相关；另一方面，中部六省的增长水平较低，导致这种现象的重要原因主要是东部地区的科技发达程度远高于中部六省的水平，同时，东部地区的开放程度及对市场的敏感程度同样高于中部地区，致使中部地区的培训机制的设置等落后于市场的变化。

四、公共就业服务效率的总体评价

2000～2009 年中部六省及中部、东部、全国平均职业介绍效率值如表 7.17 所示。

表 7.17　2000～2009 年中部六省及中部、东部、全国平均职业介绍效率值

年份	安徽	江西	河南	湖北	湖南	山西	中部六省平均水平	东部平均水平	全国平均水平
2000	0.45	0.40	0.58	0.78	0.68	0.39	0.38	0.72	0.46
2001	0.42	0.57	0.49	0.55	0.40	0.34	0.36	0.69	0.53
2002	0.81	1.00	0.65	0.75	0.47	0.56	0.65	0.77	0.71
2003	0.75	0.80	0.77	0.67	0.56	0.84	0.67	0.83	0.68
2004	0.83	1.00	0.79	0.59	0.45	0.92	0.63	0.80	0.71
2005	0.66	0.74	0.57	0.60	0.43	0.37	0.49	0.57	0.49
2006	0.75	0.80	0.90	0.68	0.40	0.80	0.66	0.81	0.77

续表

年份	安徽	江西	河南	湖北	湖南	山西	中部六省平均水平	东部平均水平	全国平均水平
2007	0.62	0.82	0.79	0.66	0.39	0.47	0.64	0.56	0.67
2008	0.62	0.82	0.79	0.66	0.39	0.47	0.55	0.57	0.67
2009	0.63	0.71	0.63	0.64	0.27	0.66	0.51	0.79	0.60

注：效率值越接近 1 则代表效率越高，越接近 0 则表示越低。

根据表 7.17，将 2000～2009 年各省直辖市的效率值进行统计归类，并设定效率值（E）；当 $E\geqslant 0.9$ 时，代表该决策单元富有效率；当 $0.6\leqslant E<0.9$ 时，代表该决策单元效率一般；当 $E<0.6$ 时，代表该决策单元无效率或者效率低下。得表 7.18 和图 7.3。

表 7.18　2000～2009 年各地区职业介绍效率排序

地区	$E<0.6$	$0.6\leqslant E<0.9$	$E\geqslant 0.9$
江西	2	6	2
河南	3	6	1
山西	6	3	1
安徽	2	8	0
湖北	2	8	0
东部平均水平	3	7	0
全国平均水平	3	7	0
中部平均水平	5	5	0
湖南省	9	1	0

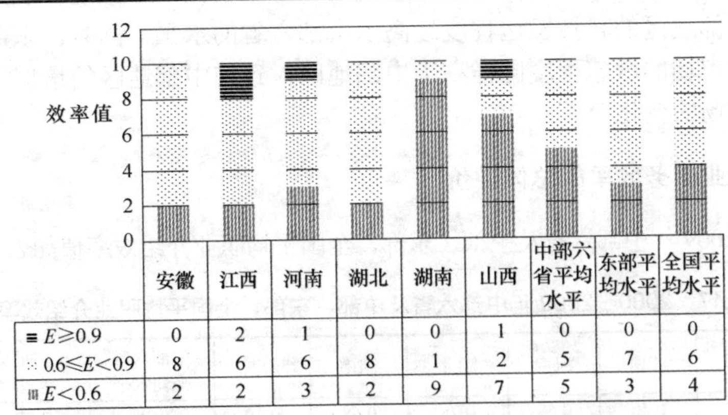

图 7.3　2000～2009 年各地区职业介绍效率值分布

1. 职业介绍效率的总体评价

通过图表的分析，可明显看出各地区职业介绍服务效率表现出如下特征。

第一，在中部六省中，大部分省份的公共职业介绍服务处于中等效率地区。

从表 7.18 中可以看出，中部六省地区中等效率地区的比例达 83.3%，并且效率值大于 0.6 且小于 0.9 的次数占比多为 60%～80%。中部六省公共职业介绍服务较为有效率的原因主要有两个：一方面是中部六省政府对公共就业服务的财政支持规模不断扩大；另一方面是信息技术平台及网络的进一步覆盖。

第二，从平均水平来看，东部及全国地区公共职业介绍服务效率高于中部六省。东部及全国地区公共职业介绍服务均为中等效率地区，效率值大于 0.6 且小于 0.9 的次数占比为 60%~70%，而中部六省地区为缺乏效率地区。存在以上情况主要是由于东部地区经济市场开放，信息科技水平较高，接受新事物较为超前等带来了东部地区公共职业介绍服务的较高效率水平，同时带动了全国效率水平的提高。

2001～2014 年中部六省及中部、东部、全国平均就业培训效率值如表 7.19 所示。

表 7.19　2001～2014 年中部六省及中部、东部、全国平均就业培训效率值

年份	安徽	江西	河南	湖北	湖南	山西	中部六省平均水平	东部平均水平	全国平均水平
2001	0.42	0.57	0.49	0.55	0.40	0.34	0.36	0.69	0.53
2002	0.81	1.00	0.65	0.75	0.47	0.56	0.65	0.77	0.71
2003	0.75	0.80	0.77	0.67	0.56	0.84	0.67	0.83	0.68
2004	0.83	1.00	0.79	0.59	0.45	0.92	0.63	0.80	0.71
2005	0.66	0.74	0.57	0.60	0.43	0.37	0.49	0.57	0.49
2006	0.75	0.80	0.90	0.68	0.40	0.80	0.66	0.81	0.77
2007	0.62	0.82	0.79	0.66	0.39	0.47	0.64	0.56	0.67
2008	0.62	0.82	0.79	0.66	0.39	0.47	0.55	0.57	0.67
2009	0.63	0.71	0.63	0.64	0.27	0.66	0.51	0.79	0.60
2010	0.57	0.79	1.00	1.00	0.58	0.84	0.72	0.65	0.58
2011	0.69	0.78	1.00	1.00	0.74	0.73	0.79	0.71	0.54
2012	0.81	0.90	1.00	1.00	0.64	0.58	0.78	0.63	0.48
2013	0.97	0.88	1.00	1.00	0.98	1.00	0.80	0.66	0.55
2014	0.90	0.87	1.00	1.00	0.82	0.96	0.81	0.66	0.80

注：效率值越接近 1 则代表效率越高，越接近 0 则代表效率越低。

根据表 7.19，将 2001～2014 年各省直辖市的效率值进行统计归类，并设定效率值（E）；当 $E \geqslant 0.9$ 时，代表该决策单元富有效率；当 $0.6 \leqslant E < 0.9$ 时，代表该决策单元效率一般；当 $E < 0.6$ 时，代表该决策单元无效率或者效率低下。得表 7.20 和图 7.4。

表 7.20　2001～2014 年各地区就业培训效率排序

地区	$E<0.6$	$0.6 \leqslant E<0.9$	$E \geqslant 0.9$
河南	2	6	6
湖北	2	7	5

续表

地区	$E<0.6$	$0.6\leqslant E<0.9$	$E\geqslant 0.9$
江西	1	10	3
山西	6	5	3
安徽	2	10	2
湖南	10	3	1
东部平均水平	3	11	0
中部六省平均水平	4	10	0
全国平均水平	6	8	0

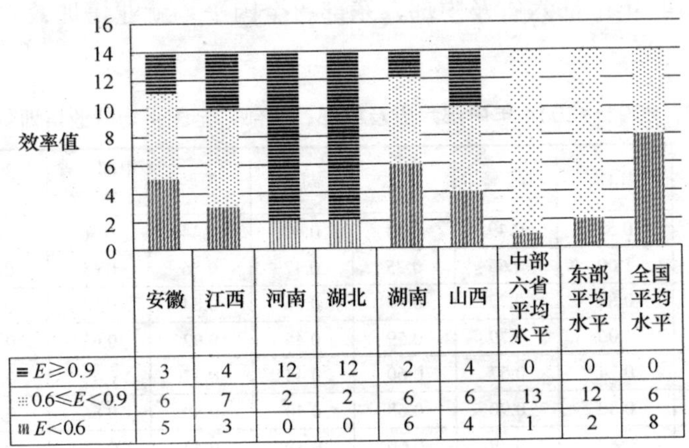

图 7.4　2001～2014 年各地区就业培训效率值分布

2. 就业培训效率的总体评价

各地区就业培训服务效率表现出如下特征。

第一，在中部六省中，大部分省份的公共就业培训服务处于中等效率地区，仅河南和湖北处于高效率地区。从表 7.20 中可以看出，中部六省地区中等效率地区的比例达 67%，高效率地区占比 33%。一方面，中部六省地区总体而言就业培训服务在职人员素质水平不高，师生比较高以致在职人员数量不足等现状是阻碍中部六省公共就业培训服务效率进一步提高的制约因素；另一方面，在中部六省中，河南省及湖北省的就业培训富有效率，在制度建设及管理水平提高等方面值得其他省份借鉴与学习。

第二，从平均水平来看，东部地区公共就业培训服务效率高于中部六省及全国平均水平。从表 7.20 中可以看出，东部地区公共就业培训服务为中等效率地区，效率值大于 0.6 且小于 0.9 的次数占比为 93%，而中部六省和全国为缺乏效率地区。存在以上情况的原因主要有以下两个：首先，东部地区公共就业培训的课程设置等方面，实时与市场需求吻合；其次，东部地区是高素质人才的集散地，从而使公共就业培训的在职人员的素质水平、知识体系、服务理念远高于中部地区，这是其呈现高效率的重要原因。

第三节　中部地区公共就业服务存在的问题

公共就业服务作为政府主动解决失业问题的一种重要途径，越来越受到社会各界的关注。随着社会各项事业改革不断深入，中部地区的公共就业服务业得到了长足的发展，但是公共就业服务依然存在投入不足、地区分布不均、发展不平衡等许多问题。

一、公共就业服务资金不足

1. 财政投入总量不足

公共就业服务政策资金增长不平稳。在政府预算收支科目上，没有把就业服务支出单独列出来，所以无法得到财政对就业服务的支出，只能通过社会保障和就业财政支出来估算就业服务资金的支出情况。

近年财政投入出现递减。表 7.21 显示，2008 年我国中部六省的社会保障和就业财政支出增速在近 7 年间为最高值 25.96%，高于同时期东部地区的 21.07%，超出近 5 个百分点。但是从 2008～2014 年，中部六省的社会保障和就业财政支出增速呈现逐年递减的趋势，表明中部六省每年的社会保障和就业财政支出在全部财政支出中所占的比例在逐渐减少。与全国水平相比，在 2008 年和 2009 年间，中部六省的增速是全国水平的两倍，而 2010 年则从 2009 年的 20.73%骤降至全国水平的一半，随后的 2011～2014 年的 4 年间，中部六省的增速始终与全国水平保持一致。总体来看，中部地区的就业服务财政投入占比不稳定，增速变化浮动较大，递减趋势表明中部社会保障和就业服务存在投入不足问题。

表 7.21　全国和中部地区社会保障和就业财政支出增速（%）

地区	2008 年	2009 年	2010 年	2011 年	2012 年	2013 年	2014 年
中部地区	25.96	20.73	10.65	19.41	13.22	17.86	9.86
全国	11.09	11.79	20.03	21.67	13.29	15.14	10.20

从纵向看，单单考虑 2008～2014 年中部六省的数据，中部六省社会保障和就业服务投入的增速在逐年下降，对于不断增长的就业人群来讲，就业的经费可能出现不足。

人均公共就业服务财政资金投入较低。从支出总额来看（见表 7.22），中部地区社会保障与就业服务支出在全国仅次于东北地区，为 603.227 亿元，排名较靠前。但是如果计算人均支出水平，中部六省的社会保障和就业服务财政人均支出为1027.773元，是全国四大区域里最低的地区，低于东部、西部、东北地区。人均财政投入水平低下，势必会影响就业服务的质量。

表7.22　2014年各地区社会保障和就业服务的财政投入情况

地区	人口总数/万人	社会保障与就业服务支出总额/亿元	人均社会保障与就业支出/元
东部地区	5216.9	495.922	1238.609
中部六省	6043.667	603.227	1027.773
西部地区	3069.917	400.132	1587.305
东北地区	3658.667	629.597	1676.853

2. 公共就业服务机构经费不足

从公共就业服务机构的人均经费的角度来看，中部六省的就业机构经费为5.18亿元，低于东部地区的6.32亿元。通过计算可知，中部六省的人均服务机构经费为275.89元，低于288.38元的全国水平（见表7.23）。选取东部地区的两个经济发展较为迅速的城市——北京和广东，经过计算发现，北京的人均经费为827.44元，远远高于全国平均水平，是中部六省平均水平的将近3倍，而广东也以33.08元的微弱优势，超过中部六省。

表7.23　2014年我国各地区就业服务机构的经费状况

地区	就业服务机构经费/亿元	人员总数/人	人均经费/元
中部六省	5.18	1877 567	275.89
北京	0.4	48 342	827.44
广东	1.5	485 487	308.97
全国	16.176 085 95	56 09 363	288.38

这些表明中部六省的公共就业服务机构的经费投入不足，没有达到全国平均水平，亟须扩大经费投放力度，从而更好地服务于公共就业服务的各个对象。由于中部地区公共就业服务机构的经费投入，远不如东部地区一些经济较为发达的一线城市，故而公共就业服务机构的建设存在着经费不足的问题，无法保证每个公民都能享受到高水准的公共就业服务，同样影响了公共就业服务质量。

二、公共就业服务机构的服务质量相对不高

1. 公共就业服务机构的从业人员数量不足

工作人员在整个公共就业服务中发挥着至关重要的作用，是联系公共就业服务机构与求职人员的桥梁，他们承担的压力和责任也越来越大。以公共职业

介绍服务为例，公共就业服务机构的工作人员在数量上存在着很大的地区差距，中部六省跟其他几个地区相比，差异明显。

为了衡量就业服务机构的人员情况，我们以就业培训机构的从业人员情况为例。从表 7.24 中可以看出，中部六省就业培训机构的数量是 863 个，远低于数量为 958 个的经济较为发达的东部地区；在就业培训机构从业人员数量的绝对量方面，中部六省为 11 427 个，与东部地区 16 816 个的数量相差甚远；通过计算可得，在每个就业培训机构所拥有的从业人员数量方面，中部六省远低于东部及全国平均水平，说明在中部六省中，就业培训机构拥有的从业人员数量不足，即存在工作人员数量不够的情况。

表 7.24　2014 年不同地区就业培训机构的状况

地区	就业培训机构的数量/个	就业培训机构的从业人员数量/人	单位就业培训机构的从业人员数量/人
东部	958	16 816	17
中部	863	1 1427	13
全国	2 635	3 7994	14

中部六省劳动就业人员的数量呈增长趋势，但公共就业培训机构的数量有限，因此，公共就业服务机构所承载的服务对象数量也在不断增长，工作人员出现“力不从心”的现象，整体服务质量无法得到有效保障。

2．近年就业培训师生比有所下降

就业培训的师资水平一方面可以提供专业支持；另一方面可以提高就业培训的实施效率。以下引入师生比率对中部六省就业培训的师资现状进行评价。师生比率是指就业训练中心每个教职工培训的人数，这一指标在一定程度上可以反映就业训练中心专业教师的覆盖率。具体公式为

师生比率（万人/万人）＝就业训练人数/在职教职工人数

2009 年以来，中部六省的师生比率总体呈下降态势。表 7.25 显示，中部六省的师生比率平均水平是下降的。其中，江西和湖北的师生比例情况在中部六省中较为突出，并且两省都有较大幅度的起伏，在 2009 年前后达到最高值；河南的师生比一直处于较高水平，在中部六省份中处于领先位置；而其他 3 个省份的平均训练人数都呈现平稳小幅度增长状态，湖南则有小幅度下降趋势。

表 7.25　2001～2014 年中部六省的师生比率（%）

年份	山西	安徽	江西	河南	湖北	湖南	平均师生比率
2001	72.14	250.03	141.87	250.83	229.41	33.75	163.01
2002	63.92	182.82	135.98	331.60	264.95	31.14	168.40

续表

年份	山西	安徽	江西	河南	湖北	湖南	平均师生比率
2003	111.03	152.01	95.70	220.43	252.69	73.51	150.90
2004	73.51	154.04	134.54	317.14	324.11	120.91	187.37
2005	167.43	241.66	117.62	317.14	252.14	145.00	206.83
2006	216.03	132.10	354.94	317.14	316.90	150.31	247.91
2007	160.85	207.42	302.02	317.14	229.00	133.30	224.95
2008	174.85	158.52	429.84	317.14	197.62	134.16	235.35
2009	93.57	157.81	324.14	317.14	368.83	163.46	237.49
2010	141.12	164.37	166.61	317.14	213.72	152.69	192.61
2011	146.95	165.19	144.81	301.06	245.44	120.43	187.31
2012	198.71	165.55	153.60	269.93	231.60	127.19	191.10
2013	187.20	171.58	150.36	175.10	277.16	91.63	175.50
2014	154.83	170.32	227.00	186.93	208.65	101.79	174.92

3. 公共就业服务效果不佳

公共就业服务的执行效果是对各项就业服务措施的回应，反映了职业介绍机构的服务能力和水平。在各项衡量指标中，职业指导人员充足率、训练/结业比率和训练/就业比率等清晰地展现了公共就业服务的执行效果。

训练/结业比率是指经就业训练中心培训后能合格结业的比率，反映了就业培训中心的培训合格水平，体现了公共就业服务的质量。

中部六省的训练/结业比率在全国处于较低水平，如表 7.26 所示，其 91%的数值，远低于西部地区和东北地区。东部地区的均值低于中部六省，这是由于东部地区中存在一些经济欠发达的城市，致使整体水平有下降的趋势，除去经济较为贫困的地区，从中选取经济较为发达的一线城市，如北京市，求出其训练/结业比率为 99%，远远高于中部地区的均值，说明中部六省的就业服务机构效率并不高，机构培训的合格率较低，公共就业服务机构的服务质量不高。

表 7.26　2014 年全国各地区的训练/结业比率

地区	结业人数/人	培训人数/人	训练/结业比率/%
东部地区	2164 247	2507 002	86
中部六省	1712 600	1877 567	91
西部地区	791 134	851 922	93
东北地区	355 368	372 872	95
全国水平	5023 349	5609 363	90
北京	48 069	48 342	99

中部六省的训练/就业比率低于发达省份。训练/就业比率是指经就业训练中心培训后能顺利就业的比率，反映了就业训练中心的培训后再就业的成果。如表 7.27 所示，中部地区的训练/就业比率为 72%，高于 66%的全国平均水平 6 个百分点。但对比东部地区部分省份的训练/就业比率，发现中部六省略低于山东省 4 个百分点，培训后再就业的水平低于山东省，而福建的训练/就业比率比中部六省高出 5 个百分点，就业服务质量不高。经济较为发达的直辖市天津市的训练/就业比率为 92%，远高于中部六省 72%的水平，高出 20 个百分点，天津的优势明显，再就业质量相当高。因此，对比东部地区的部分省市，中部六省的训练/就业比率较低，就业服务的效果不佳。

表 7.27 2014 年全国各地区的训练/就业比率状况

地区	就业人数/人	培训人数/人	训练/就业比率/%
中部六省	1362 579	1877 567	72
山东	347 512	454 876	76
福建	75 679	98 081	77
天津	92 218	100 213	92

三、行政管理体制制约公共就业服务的发展

我国的公共就业服务的提供主体是政府，市场起辅助作用。但在实际运行操作过程中，存在着政府职能定位不清、市场机制发挥有限、社会力量参与程度不高等现象，制约了公共就业服务的发展。下面以就业训练中心为例。

就业训练中心属于政府人力资源和社会保障机构下属部门，是由财政补贴的综合性职业技能培训及培训指导中心，它的主要职能包括：宣传、贯彻、执行国家、省、市有关劳动保障就业、培训等的政策法规；承担各工种的职业技能培训，承担部分专业工种技能的考核工作。

1. 就业训练中心脱胎于传统计划体制，与政府有千丝万缕的联系

在运营机制上趋于行政化，市场反应能力弱。更多是完成政府指派的培训任务，政府与就业训练中心不是买卖关系，而是行政管理关系，政府在下派培训任务时没有对其认真考核。这种垄断特征导致就业培训中心的竞争意识不强，不会主动提高自身的师资水平、改善培训条件，更新培训课程，引进先进的培训手段。因此，就业训练中心生存困难。

2. 就业训练中心的资金来源中财政补贴占比逐年增加

2001～2014 年中部六省就业训练中心的经费总计和财政补贴逐年上升。根据历年《中国统计年鉴》中的数据可知，中部地区财政补贴 2014 年较 2001 年

增长了547%，而其经费总额仅增长了45.1%。如表7.28所示，财政补贴在就业训练中心经费来源的比例不断增加，2001年中部地区财政补贴仅占全部经费的15.75%，2014年则增加至68.59%。如图7.5所示，从资金来源来看，就业训练中心主要靠政策资金，靠市场获取的资金越来越少，可推断出其运营方式的市场化程度不强。

表7.28　2001～2014年中部六省的财政补贴占培训经费的比例（%）

年份	山西	安徽	江西	河南	湖北	湖南	合计
2001	66.7	50.0	50.0	14.7	6.6	28.8	15.7
2002	66.7	66.7	41.7	15.0	8.1	35.2	16.6
2003	44.4	66.7	82.4	7.2	4.8	68.0	13.2
2004	76.9	63.2	93.8	7.2	9.3	50.0	19.7
2005	47.1	88.9	92.6	7.2	13.8	40.0	24.4
2006	84.0	91.8	124.1	24.7	62.1	75.4	66.3
2007	84.0	91.8	111.2	24.7	36.5	75.4	57.3
2008	64.0	93.3	98.7	71.4	189.8	65.2	90.8
2009	50.0	85.5	94.7	71.4	216.3	86.5	96.5
2010	71.4	86.8	99.4	71.4	171.4	96.6	98.4
2011	91.7	100.0	98.3	76.0	162.0	100.0	101.8
2012	164.0	98.6	95.5	20.5	60.5	100.0	73.4
2013	97.7	95.7	98.0	27.7	70.1	100.0	73.0
2014	115.0	101.4	108.3	35.8	60.5	76.3	68.6

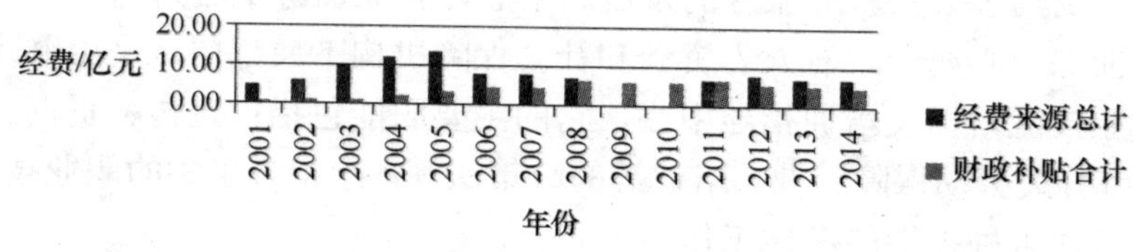

图7.5　2000～2014年中部六省的就业培训经费及财政补贴状况

3. 就业训练中心以培训低端劳动力为主

近年就业训练人数不断下降，2001～2009年中部地区的训练人数是不断增加的，如表7.29所示，2001年为130.79万人，2009年为436.02万人。但是2010年以来，就业训练人数开始下降，至2014年则下降为187.75万人，下降幅度相当大。这种变化规律与城市劳动力市场中外埠人员数量的变化一致。可以理解为2008年前后，由于金融危机，大量农民工在东部地区找不到工作，开始回流，试图在家乡城市找到工作，因此在2009年中部地区的外埠人员急剧增加。中部地区劳动力市场出现相吻合的现象，即2009年前后登记求职人数出现大幅度增加。相应地，就业训练人数也随之增加。但在2010年之后，由于农村惠农政策的实施，大批农民工回到家乡，致使中部城市劳动力市场外埠人员减少，相应就业训练人数也减少。

表 7.29　2001～2014 年中部六省的就业训练人数（万人）

年份	山西	安徽	江西	河南	湖北	湖南	合计
2001	3.04	13.10	15.12	33.66	43.04	22.82	130.79
2002	2.29	12.67	15.76	39.99	51.67	25.80	148.18
2003	7.96	13.51	15.69	31.43	55.24	34.21	158.04
2004	8.92	13.49	20.29	48.36	61.35	59.91	212.33
2005	14.48	13.36	20.10	48.36	67.42	79.07	242.80
2006	17.61	15.56	60.66	48.36	65.73	80.91	288.83
2007	19.13	21.09	78.19	48.36	63.55	81.48	311.81
2008	16.80	26.14	108.36	48.36	61.32	91.58	352.57
2009	23.82	21.97	113.41	48.36	131.34	97.11	436.02
2010	15.10	24.97	63.96	48.36	56.74	91.35	300.49
2011	17.41	25.39	53.95	49.86	51.39	71.91	269.92
2012	25.30	25.30	47.92	49.86	45.86	61.28	255.51
2013	25.40	26.13	44.04	37.51	46.20	42.25	221.53
2014	21.01	25.94	29.51	40.04	41.73	29.52	187.75

由此可以推断出，就业训练中心的培训主要针对农民工等低层次人员进行培训，侧重于初级职业培训。缺乏针对高级技能、大学生等高层次人员的培训，这在技术更新飞快的今天是一种缺憾。如表 7.30 所示，数据也显示出就业训练中心结业人数中，农村劳动者占比为 69.20%，远高于其他类型的结业人数，同时也高于民办职业培训机构，而民办职业培训机构结业人数中，农村劳动者占比为 39.49%。另外，可以看到就业培训中心结业人数中在职职工占比仅为 8.27%，低于民办职业培训机构。

表 7.30　2014 年不同培训对象分结业人数占比（%）

培训机构	劳动预备制学员	失业人员	农村劳动者	在职职工	其他人员
民办职业培训机构	6.69	15.37	39.49	26.68	18.41
就业培训中心	1.86	26.64	69.20	8.27	—

数据进一步显示（见表 7.31），就业训练中心所颁发的证书中，初级职业资格占 50.37%，而颁发的高级职业资格、技师分别为 3.54%、0.03%。进一步说明了就业培训中心主要侧重于初级职业的培训，缺乏高级职业的培训。

表 7.31　2014 年就业训练中心颁发的不同职业资格证书占比（%）

培训机构	初级职业资格	中级职业资格	高级职业资格	技师
就业训练中心	50.37	46.05	3.54	0.03

就业训练中心初级职业培训的特点主要是由行政管理体制制约决定的。前面已经提到，就业训练中心属于政府部门下属事业单位，其成立之初主要是培训进城农民工等弱势群体，属于政府出资免费提供培训的范围，带有一定的福利性。这种垄断模式下产生出来的就业训练中心，带有浓厚的行政管理色彩，对市场反应不灵敏，运营方式缺少灵活性，主要侧重于初级职业培训。

4. 近年就业训练中心的数量在不断减少

表 7.32 显示，中部地区 2001 年就业训练中心合计为 1147 个，2014 年则减少到 863 个。其中，湖南、湖北、山西总体上一直是下降的趋势，河南就业训练中心的数量变化不大，江西表现为先升后降。但是总体水平来看，就业训练中心的数量是减少的。这可能是由于就业培训训练中心脱胎于行政管理体制，自身带有浓厚的传统计划经济管理色彩，面对日新月异的市场，无法灵活应对，不能根据市场的变化而变化，如教学手段落后、教学课程不能及时更新、教学设施落后等。由此导致生存问题凸显，不断有不适合市场经济的训练中心被淘汰。因此，对于就业训练中心的体制改革迫在眉睫。

表 7.32　2001～2014 年中部六省就业训练中心数（个）

年份	山西就业训练中心数	安徽就业训练中心数	江西就业训练中心数	河南就业训练中心数	湖北就业训练中心数	湖南就业训练中心数	合计
2001	57	88	116	156	186	544	1147
2002	50	89	116	135	152	561	1103
2003	100	94	116	148	154	298	910
2004	100	84	116	159	165	310	934
2005	70	82	116	159	181	310	918
2006	83	63	116	159	118	310	849
2007	75	77	118	159	118	310	857
2008	69	81	117	159	119	310	855
2009	79	99	341	159	116	310	1104
2010	79	117	301	159	124	311	1091
2011	80	117	305	160	125	315	1102
2012	78	117	221	160	120	310	1006
2013	61	117	175	160	117	281	911
2014	76	117	150	160	117	243	863

第八章　中部地区劳动力市场重构的政策建议

劳动力市场是产品市场的引致市场。产品市场的低端化，势必造成劳动力市场劳动需求的低端化，而产品市场的高端化，又会造成劳动力市场对高端劳动者的需求。因此，劳动力市场的构建不仅需要相应的劳动力市场政策，还需要相应的产业政策支撑。所以，本书劳动力市场重构的政策建议分为产业政策和劳动力市场政策两方面。

第一节　中部地区劳动力市场重构的产业政策

一、避免盲目产业承接，去产能化

中部地区最大的问题是盲目承接低端产业，促使近年中部低端制造业高速发展，造成产品市场低端产品产能过剩，传统行业利润低下，企业生存困难；劳动力市场上低素质人员供不应求，劳动力市场失衡。

盲目地产业承接造成低端产业发展迅速，加重产能过剩。近年中部产业承接明显，但是从重点承接产业来看，大多以资源型为主，并且属于产业链的加工环节，这种行业不仅耗费大量的资源，而且大量的产业承接造成严重的产能过剩。下面以重点承接的非金属矿物制品业为例。

非金属矿物制品业大都属于原材料加工业。非金属矿物制品业是市政建设、房地产、建筑装饰等行业的重要材料。它主要包括九大行业，其中，水泥、石灰和石膏制造，石膏、泥制品及类似制品制造，砖瓦、石材等建筑材料制造，这三大行业的工业销售值占非金属矿物制品业的62.55%，这些行业主要提供作为工业或建筑业材料的半成品。其中，水泥的产能利用率仅为60%，玻璃的产能利用率为74.35%，产能过剩严重。

非金属矿物制品业产业链属于资源依托型，产业链延伸短，附加值低。从上游来看，非金属矿物制品业和其原材料供给行业联系紧密，它的上游行业主要是非金属矿及其他矿采选业电力、热力的生产和供应业等原材料和能源行业，以及交通运输及仓储业、批发和零售业等传统的服务行业，其销售模式还是传统的建材商铺模式。产业链中缺乏技术创新、品牌营销、设计研发等环节。所以说非金属矿物制品业进入门槛低，产能过剩严重。对该行业的调整重在增加技术含量，进行产品创新，改造现有的产品结构。

盲目产业承接，造成中部地区劳动力市场失衡。近年中部劳动输出大省“民工荒”趋势愈演愈烈，企业招工难问题也越来越严重。而这些都是由于近年低端产业承接的结果，大量低端产业被承接而来，导致劳动力市场上低层次劳动力需求大幅度增加，从而出现“民工荒”与招工难问题。

因此，中部地区现在最大的问题是产业承接中，低端产业的快速发展。产品市场表现为大量低端产品增加，产能严重过剩，传统企业的利润大幅度下降，生存困难。劳动力市场则表现为低层次劳动力供不应求，企业招工难。

所以，产业承接中要避免盲目性，要注重高新技术的引进。要由加工环节尽可能地向研发和设计环节倚重，引进高附加值、高档产品的生产。产业承接中还要注重环保与节能。中部地区有丰富的资源，本身资源型产业就较为发达，资源型产业承接条件更完备，如拥有完善的生产条件、生产设备、熟练的工人等生产条件。但是资源型产业大多为高耗能、高污染产业，不仅会带来资源问题，更会带来环境污染问题，所以在承接中更要注意资源集约利用，更不能盲目引进高污染产业。

二、规模化生产向个性化生产转型

高端个性化需求大量出现。一方面随着社会的发展，经济水平的提高，人们的需求不仅多样化，对质量的要求也非常高，也更加追求品牌，消费结构出现明显升级。另一方面，“80 后”“90 后”逐渐成长并成为社会的消费主力军，他们的消费习惯明显与老一代不同，他们更加追求个性化与差异化，不喜欢与别人重合。由于以上两方面的原因，我国的消费结构出现明显升级，高端个性化需求大量出现，需求的变化势必要求产业发生变化。

我国制造业将会进入个性化生产阶段。随着科技的发展，企业的生产效率明显提高，企业生产成本也呈下降趋势，企业会以低成本生产出大批量的产品，人们的基本需求被满足。但是同时又会引起企业产品积压、产能过剩等问题。另一方面，随着互联网技术的发展，人们的搜索成本不断下降，在互联网中面临越来越多的选择，人们的多样化需求和个性化需求逐渐显现。因此，制造业将进入个性化生产阶段。

个性化生产以客户需求为导向。制造业的主体由原来的仅由制造商参加，变为普通百姓或者客户参加。客户可以自己动手，根据自己的需求和喜好来设计产品。利用 3D、4D 打印技术，客户可以完成产品的制造。这样一来，产品的创造不再局限于制造商，而是整个社会的全体民众。一方面，制造商可以利用客户乃至全体民众的智力和知识发展本行业，这对制造业来讲无疑是巨大的推动，制造业将进入新一轮的快速发展。另一方面，客户及全体民众的需求也会得到较大的满足。传统发展模式中存在的产能过剩、需求大于供给、库存过分积压等问题，将不存在或者被缓解，社会资源也因此被充分利用。例如，纺织服装业，属于中部地区传统劳动密集型产业，对于服装业来讲其最大的痛点就是无法逃离库存，据悉每件衣服售价的50%属于由库存产生的成本，如何解决这一痛点呢？传统服装业+互联网，服装商可以打造一平台，客户可以在网上参与设计，并把相关信息传到厂家，再经由计算机打版等，厂家根据客户的需求生产服装。这样就解决了传统服务业的库存积压的弊病，同时也可以提高服装的销售价格，进而增加厂家的利润。

三、劳动密集型产业向高附加值新型劳动密集型产业升级

改革之初，我国人口基数大，劳动力资源丰富而廉价，但是文化程度低，当时就业的核心问题是就业总量不足，所以创造大量低工资、低技能的低端就业岗位是当时的必然选择。产业结构也是为创造大量低端岗位而设置的，大量低端的劳动密集型产业得到了迅速的发展。但是随着经济文化的发展，根据以上分析，我国乃至中部地区劳动力市场供给结构已经发生了变化，劳动力资源不再无限供给、不再廉价，劳动者的文化程度也得到很大提高，因此，就业创造的重点不再是数量问题，而是结构问题。同时，中部地区的劳动密集型产业也面临着众多问题，如随着工资成本、原材料成本的上涨，其生产成本不断增加；随着人们收入水平的提高，对产品质量、品牌的追求，低端产品的需求越来越小，致使低端劳动密集型产业的生存越来越困难，迫切需要向高附加值新型劳动密集型产业升级。

一方面，重新市场定位，大力发展高附加值产品。当前随着人们收入水平的提高，人们对低端产品的需求逐渐减少，所以低端产品市场逐渐萎缩。而人们对产品质量的要求越来越高，对高附加值产品的需求会逐渐增加。因此，劳动密集型产业应该重新进行市场定位，发展高附加值产品，避免低价竞争。例如，我国的自行车行业，传统企业把自行车定位为低端的交通工具，附加值较低。但是随着人们对健康的重视、汽车行业的发展、城市空间的不断扩大等，自行车已经由原来的低端交通工具转变为高端的健身器材。并且在发达国家自行车也已经不仅仅是交通工具了，而是更多地用于健身。因此，自行车行业面对新的需求，可以转化为新产业、健康产业。因此，要重新进行市场定位，并定位于高品质、高附加值行业。

另一方面，要大力发展技术含量高的新型劳动密集型制造业。劳动密集与先进技术在企业内的有机结合，是我国劳动密集型产业发展的最佳模式；大力发展技术含量多的劳动密集型产业，增加产品技术含量，这样就需要加快研发团队的建设，提高研发资金的投入，提高技术创新能力。应当是从单纯的加工向研究开发型转变，以提高其技术含量。

例如，我国是世界玻璃生产大国，早已成为玻璃产量最大的国家，并且中部地区的河南、湖北等地是玻璃重要的生产基地。但是大部分产品属于低端产品，产能严重过剩，平板玻璃的产能利用率仅为63%，而浮法玻璃的生产能力也超出市场需

求的40%，同时高端优质的浮法玻璃还需要进口。很显然，玻璃行业依然存在着低端产品过剩，高端产品供给不足的问题。急需对低端生产线进行技术改造，通过建立新型熔窑理论，创造新的成型机理等实现生产线改造，优化产品结构（郝志云，等，2015）。

再如，农产品加工业是中部地区的优势传统行业，主要包括食品加工业、饮料加工业等。发达国家的农产品加工业已经属于技术密集型产业，但是我国农产品加工业一般属于规模较小、技术水平低下的劳动密集型产业。例如，我国的大豆加工业仅开发200多个品种，而美国大豆加工业已经能开发20 000多个品种，属于深度加工。由此可见，我国乃至中部地区的农产品加工业技术含量较低，属于初加工和粗加工，深度加工不足，从而导致加工率低下、附加值低、企业利润不高等问题。那么必须用技术对农产品加工业进行改造。迫切需要研发大豆功能因子提取技术、小麦玉米深加工技术、保鲜技术、膜分离技术等，不断提高农产品的加工深度。

四、大力发展社会性服务业

我国社会性服务业的发展不足。所谓社会性服务业，是指教育、卫生社会工作，水利环境和公共设施管理业，公共管理和社会组织等。社会性服务业主要吸纳高校毕业生就业，2014年中部地区社会性服务业的高校毕业生占全部就业人员的一半以上，占比非常大，因此社会性服务也得大力发展，这有助于解决大学生就业难问题，有利于优化中部地区的就业结构。

但是我国普遍存在社会性服务业发展不足的现象。社会性服务业难以满足社会日益增长的需求，属于短缺行业，看病难、上学难、养老难等问题严峻。而中部地区社会性服务业就业人员的比例近年来有下降趋势，2005年为36%，2014年下降至28%。那么如何发展社会性服务业呢？

首先，增加财政投入。我国是政府主导型的市场经济体制，地方政府过分追求GDP的增长速度，从而把大量资源投入到经济发展中去，忽视了公共产品的供给，我国教育等经费不仅低于高收入国家，而且低于中低收入国家，导致教育医疗养老等公共服务缺乏。因此，要明确各级政府的权限，明确政府必须提供的公共服务范围，保证教育医疗等公共服务经费的合理增长。

其次，优化财政支出结构。政府财政支出要抑制行政管理费用的过快增长，加快机构改革，减少财政供养人口，压缩行政经费。财政要从竞争性领域逐渐退出来，加大对公共物品的供给，更加侧重于对教育、医疗、社会保障等方面的建设。第一，对于教育，不仅要继续加大财政投入，而且更要注重对欠发达地区加大投入，尤其要增加对农村基础教育的投入。我国的教育经费支出结构存在失衡，过于重视高等教育，过多教育经费投入到了高等教育，而忽视了基础教育，尤其是农村的基础教育，因此要重视欠发达地区的基础教育。第二，对于医疗卫生，依然要加大财政投入，尤其要偏重农村落后地区。我国城乡公共医疗卫生的支出差别较大，农村医疗设施及人员严重不足，所以政府特别是中央政府要重点支持县乡医疗卫生机构，提高公共卫生服务的均等化。

最后，社会性服务业引入民间资本。社会性服务业是吸纳高层次劳动力的重要行业，但在我国社会性服务业发展不足，不足于为社会提供服务，进而造成该行业就业吸纳力低下。因此，对社会服务业应该积极引进民间资本，利用民间资本发展壮大社会服务业，解决上学难、看病难的问题。一要降低民间资本进入成本，简化审批环节，并放宽准入门槛，落实各种优惠政策；二要明确政府与民间投资者的职责，政府的职责主要是制定各种服务标准、投资者的准入条件等，而民间资本则具有管理、人事等方面的自主权；三要加强政府监管，加强对民间资本的监管，如对于民办学校，要完善教学评估制度，督促学费收入主要用于教学，保障教学质量；对于民办医院，要维护患者的合法权益，提高其服务质量，重点监管处方问题、价格问题。

第二节　中部地区劳动力市场重构的劳动力市场政策

一、构建农民工技能培训制度，提高劳动力的产业支撑能力

产业升级需要高技能的劳动力来支撑，中部在承接产业时更重要的是升级，促进传统优势产业的技术改造。产业的升级势必要求劳动力同时提高技术水平，所以要注重对劳动力的技能培训，提高中部地区的产业支撑能力，为产业升级提供相匹配的人力资本。农民工在近年来依旧会是中部地区劳动力市场的重要劳动供给者，会继续为中部地区的城镇化、工业化做出贡献，所以对农民工的培训显得尤为重要。要建立一个涵盖政府、企业、个人的且使院校、各类培训机构有机联系的人力资源开发体系，切实调动起三方参与的积极性。这个体系的构建，将给未来经济持续增长注入活力。

政府出台优惠政策补贴企业，鼓励企业参与培训。一方面，农民工参与培训的意愿较强，他们通过学习，可以提升自己的工作能力或其他技能，从而提升自己的工资收入，改善生活水平。他们非常愿意到培训中心或培训学校接受培训，但都不愿自费培训，农民工由于出外打工，经济压力比较大。另一方面，职业技能培训是一种继续教育，具有准公共品的性质。它介于公共品和私人品之间，可以采取政府和市场分担的方式进行。所以政府在培训中要充分发挥引导作用，对企业或者培训机构进行直接补贴可以鼓励农民工参与培训。

建立全面的培训信息反馈机制。就业培训要有针对性才会发挥作用，当前的技术更新速度比较快，培训更要有的放矢。一方面，要调查分析当前就业市场中急需的知识和技术，根据市场需求设置培训课程。不仅要对农民工进行调研，调

查他们迫切需要提高的技能，还要对企业进行调研，及时了解企业急需的技术人才，这样才能使得培训市场上的供给与需求相结合。另一方面，要跟踪已培训过人员的就业情况，对培训效果进行评价。及时了解已培训人员的就业情况，对于依然没有就业的人员和已经就业的人员，要及时总结教训与经验，适时调整培训计划和课程安排。总之，要使得培训符合市场需求，为劳动力市场的均衡发展做出贡献。

将培训与职业规划结合在一起。新生代农民工的数量不断增加，和老一代农民工相比，他们不再仅仅追求生存问题，而是对生活、对事业都有了更高的要求。职业规划可以更有利于农民工融入城市，实现职业向上流动。因此，在培训过程中，要增加职业规划的比例，对农民工的技能、知识、性格等进行评价；对就业环境、劳动力市场等职业机会进行评价。在此基础上进行职业选择，减少农民工就业的随意性，制定符合其自身的职业规划（何筠，等，2015）。

二、完善大学生公共就业服务，建立高端就业服务体系

中部地区劳动力市场中大学生逐渐成为主要劳动供给。由前面章节分析可以看到，劳动力市场中大学生占求职人数的比例越来越高，并且作为劳动力市场的新进入者，大学生存在工作经验不足、实践能力差、阅历不深等问题，所以大学生就业难问题一直困扰着我国。尽管产业结构的调整是解决大学生就业的重点，但是良好的公共就业服务体系，也是不可或缺的部分，况且我国的劳动力市场建立不久，很多功能不健全，影响到劳动力市场的运行，如此更应该完善公共就业服务体系。

首先，政府部门要做好大学生就业的统计分析预测工作。政府部门主要负责各种就业促进政策的制定，因此要了解当前的就业形势、就业环境等问题，所以政府相关部门要统计分析大学毕业生的就业率、签约率、就业考研比率等总体情况；要统计分析大学生就业的流向、不同专业毕业生的就业情况等；政府部门要负责统计并向社会公布劳动力市场中的职业需求、不同职业对技能知识的要求、预测就业趋势的变动等。这些有助于为相关部门提供基础性数据，为各项就业促进政策的制定提供依据。

其次，高校就业指导要专业化。高校的就业指导在大学生就业中起着非常重要的作用，但是我国的高校就业指导发展较缓慢，大多停留在形式上，没有在毕业生就业中起到应有的作用。要构建高素质、专业化的高校就业指导队伍，当前的学校的就业指导大多依靠政治老师、辅导员，应该不依靠教育部或者行业协会，或者引入职业规划师，为学生进行更为专业化的指导。高校就业指导要对不同岗位进行测评。所谓岗位测评，就是要描述各种职位，让学生了解这些岗位的职责、任职条件、环境条件等；岗位测评更重要的是使毕业生对各种岗位进行评估，并对自己的职业选择有一个合理的预测。就业指导还应该为毕业生提供一定的职业

规划，帮助学生进行自我认知、认清就业形势。一般要从学生的性格出发，结合其所学专业，帮助学生选择未来的就业方向等。就业指导要向毕业生提供心理咨询。一般大学生刚毕业时，对社会、对就业等都有一种不知所措的状态，高校就业指导要帮助学生树立正确的择业标准，树立积极乐观的心态，尽早适应社会、适应工作。

最后，要建立强大的就业服务信息平台。随着互联网的快速发展，现在已经进入大数据时代，要充分运用信息化技术。就业服务信息平台要具有大量的招聘信息和毕业生就业需求数据；并且保证这些数据的真实可靠性；定期分析用人单位的招聘职位趋势、职位技能要求及就业需求趋势等，深度挖掘数据背后的原因，为高校和企业提供有用信息，共同促进大学生就业。

三、完善社会保障制度，构建公平竞争机制

社会保障制度的不公平，造成就业的不公平竞争。社会保障制度是社会的安全网，属于国民分配的二次分配，目标是保证每个公民的基本需求，是一个社会必不可少的制度。但是我国的社会保障制度，由于历史原因，城市中机关事业单位和国有经济的就业人员会获得全面的养老、医疗等社会保障，而农民主要靠土地来保障。改革开放以来，随着市场经济的发展，进城农民工的增加，体制外就业人员的增加，这部分人员的就业直接由市场配置，国家不再直接控制，同时国家没有建立起这部分人员在再分配中资源配置的模式。很显然，这造成了体制外人员的社会保障的缺失，这部分人员除了工资之外，没有享受到再分配过程中的分配资源，进而造成体制内外就业的不平等。为了获得全面的生活保障，人们更青睐体制内就业，导致近年来公务员考试异常火爆，年轻人越来越倾向于体制内就业，做一名体制内的公务员，进一个有编制的企事业单位，成了很多年轻人的职业首选。这势必造成劳动力市场的失衡，因此，社会保障制度的去职业化迫在眉睫。

社会保障制度急需去身份化。当前我国的社会保障制度最重要的特点是碎片化，即不同的身份拥有不同的社会保障制度，如仅养老保险我国就拥有 4 种模式，机关事业单位的退休金制度、城镇职工养老保险制度、城镇居民养老保险制度、新型农村养老保险制度。不同的养老制度，获得的退休金不一样，其中机关事业单位的退休金是最高的。而医疗保险有 3 种模式：职工基本医疗保险制度、城镇居民医疗保险制度、机关事业单位公费医疗制度。同样，医疗保险制度不同，所获准的报销金额也不同。可以看到，不同身份所获得的待遇不同，并且不同制度下的社保关系不能自由转移，不同的身份参加不同的社会保障制度，其中机关事业单位的待遇最高，如果能进入这些单位就业，不仅意味着可以获得全面的社会保障，而且意味着较高的社会地位。因此，不难理解我国出现的公务员报考热。

推进社会保障制度的整合，促进就业公平。为了减轻社会保障制度的不同而

导致的就业待遇不同，需要把当前碎片化的社会保障制度进行整合。重点是减少机关事业单位和企业之间的社保差异，同时减少城镇与农村的差异，这样有利于减少体制内外就业的差异，鼓励更多人员去企业就业，而不是蜂拥至机关事业单位，造成人力资源的浪费；另外，减少城乡社会保障的差距，引导城乡劳动力的合理流动。因此，要把机关事业单位的养老保险和企业的养老保险整合为城镇职工养老保险；将机关事业单位医疗保险与企业医疗保险整合为职工医疗保险，职工医疗保险不仅包括城镇职工，还应该包括进城的农民工；还要整合城镇居民和农村养老保险，建立统一的居民养老保险；整合城镇居民和农村医疗保险，构建居民基本医疗保险。

利用政府补贴促进体制内外、城乡基本保险制度的公平发展。在整合社会保障制度时，存在统筹层次的问题，如统一城乡养老保险制度，农村的养老保险待遇要与城镇一致，即要把农村的养老保险水平和城镇拉平，这需要政府给予相应的财政补贴才能完成，政府必须给予资金支持。因此，统一体制内外和城乡基本保险制度，最根本的还是需要政府的财力支持。

参 考 文 献

蔡昉，1998. 城市劳动力市场的分割与就业体制转换的难点［J］. 经济研究参考，(45)：39-40.

蔡昉，2000. 中国二元经济与劳动力配置的跨世纪调整——制度、结构与政治经济学的考察［J］. 浙江社会科学，(5)：18-22.

蔡昉，2005. 农村剩余劳动力流动的制度性障碍分析——解释流动与差距同时扩大的悖论［J］. 经济学动态，(1)：35-40.

蔡昉，2006. 为什么劳动力流动没有缩小城乡收入差距［J］. 经济前沿，(6)：4-10.

蔡昉，都阳，王美艳，2005. 中国劳动力市场转型与发育［M］. 上海：商务印书馆.

蔡昉，王美艳，2006. “未富先老”与劳动力短缺［J］. 开放导报，(1)：31-39.

蔡昉，王美艳，曲明，2009. 中国工业重新配置与劳动力流动趋势［J］. 中国工业经济，(8)：5-16.

常丽，2010. 辽宁产业结构与就业结构协同性实证研究［J］. 中国科技论坛，(01)：49-55.

车维汉，2004. “雁行形态”理论研究评述［J］. 世界经济与政治论坛，(3)：88-92.

陈红儿，2002. 区际产业转移的内涵、机制、效应［J］. 内蒙古社会科学，23 (1)：16-19.

陈建军，2002. 中国现阶段的产业区域转移及其动力机制［J］. 中国工业经济，(8)：37-45.

陈涛，2011. 失业保险制度促进就业功能的综合评价及对策探讨［J］. 人力资源管理，(3)：147-149.

陈晓涛，2006. 产业转移的演进分析［J］. 统计观察，(4)：87-89.

陈心颖，2012. 产业结构、就业结构与经济转型升级——福建省的观察数据［J］. 福建论坛（人文社会科学版），(5)：148-152.

陈甬军，陈爱贞，2007. 从劳动力转移到产业区域转移——新型工业化背景下我国城市化演变趋势分析［J］. 经济理论与经济管理，(2)：42-46.

陈志，李盼道，2005. 劳动力供给膨胀所导致的市场失灵及其纠正［J］. 北京科技大学学报（社会科学版），21 (3)：46-50.

陈竹，2007. 产业转移升级下的我国劳动力要素市场建设［J］. 发展研究，(1)：69-71.

成必成，2013. 劳动力市场结构性失业的成因及解决策略［J］. 企业经济，(5)：155-157

储丽琴，曹海敏，2013. 提高劳动报酬的就业效应分析——基于非均衡劳动力市场的研究［J］. 经济问题，(9)：18-22.

戴宏伟，2008. 产业转移研究有关争议及评论［J］. 中国经济问题，(3)：3-9.

丁小姣，2012. 产业转移背景下中部农村劳动力流动格局研究［D］. 安徽：安徽大学.

丁兆庆，2004. “双二元结构”下的农村剩余劳动力转移［J］. 调研世界，(5)：24-26.

杜鹰，自南生，1997. 走出乡村——中国农村劳动力流动的实证研究［M］. 北京：经济科学出版社.

樊纲，王小鲁，朱恒鹏，2010. 中国市场化指数［M］. 北京：经济科学出版社.

封晓庆，2007. 东、中、西部产业结构与就业结构的互动关系及其比较研究［D］. 成都：西南财经大学.

付保宗，2014. 工业化中后期工业结构阶段性变化的特征与趋势［J］. 经济纵横，(2)：29-38.

葛培波，崔越，2002. 中国劳动力供求非均衡与促进就业的对策［J］. 山东财政学院学报，(5)：68-71.

葛象贤，屈维英，1989a. 民工潮探源（上）［J］. 瞭望周刊，(44)：16-18.

葛象贤，屈维英，1989b. 民工潮探源（下）［J］. 瞭望周刊，(45)：10-13.

龚雪，2009. 产业转移的动力机制与福利效应研究［M］. 北京：法律出版社.

龚雪，高长春，2008. 国际产业转移技术溢出效应的实证研究：以中国为例［J］. 管理现代化，(3)：7-9.

郭丛斌，2004. 二元制劳动力市场分割理论在中国的验证［J］. 教育与经济，25 (3)：7-11.

郭克莎，1996. 论经济增长的速度与质量［J］. 经济研究，31 (1)：36-42.

国家统计局人口和就业统计司，2007. 中国人口与就业统计年鉴-2007［M］. 北京：中国统计出版社.

国家统计局人口和就业统计司，2015. 中国人口与就业统计年鉴-2015［M］. 北京：中国统计出版社.

韩秀华，陈雪松，2008. 论我国劳动力市场分割［J］. 当代经济科学，30 (4)：118-123.

郝志云，谢莉萍，2015. 新常态下我国浮法玻璃工业发展现状及趋势［J］. 中国玻璃，(3)：34-37.

何筠，张延峰，况芬，2015. 公共就业培训效果评价［J］. 江西社会科学，(5)：214-217.

侯东民，2009．从“民工荒”到“返乡潮”：中国的刘易斯拐点到来了吗？[J]．人口研究，33（2）：32-47．
黄丽鹏，2012．上海产业结构调整与劳动力需求分析［D］．上海：华东师范大学．
黄泰岩，2005．“民工荒”对二元经济理论的修正［J］．经济学动态，（6）：15-17．
黄小勇，2010．江西工业化进程的劳动力就业效应理论与实证研究［D］．南昌：南昌大学．
简新华，张建伟，2005．从“民工潮”到“民工荒”——农村剩余劳动力有效转移的制度分析［J］．人口研究，29（2）：49-55．
姜长云，1995．农村非农化过程中农户（农民）分化的动态考察——以安徽省天长市为例［J］．中国农村经济，（9）：50-56．
晋利珍，2009．劳动力市场行业分割在中国的验证［J］．人口与经济，（5）：35-40．
蒯鹏州，2010．中国人力资源强国建设应关注人口变化因素［J］．经济研究参考，（62）：45-49．
邝惠贞 刘力，2011．产业转移与劳动力结构优化效应研究——以河源市为例［J］．城市观察，（4）：156-165．
赖德胜，1996．论劳动力市场的制度性分割［J］．经济科学，（6）：19-23．
劳动和社会保障部，2015．中国劳动和社会保障年鉴-2015［M］．北京：中国劳动社会保障出版社．
李冠楠，2012．劳动力迁移成本对我国产业转移的影响研究——基于空间经济学的视角［D］．兰州：西北师范大学．
李建宾，2014．河南省私营企业参加养老保险情况调查分析［J］．人才资源开发，（23）：25-27．
李建民，2002．中国劳动力市场多重分隔及其对劳动力供求的影响［J］．中国人口科学，（2）：1-7．
李琳，阳吉运，高希，2010．基于就业结构视角的湖南产业结构动态演变分析［J］．经济地理，（8）：1339-1343．
李萍，刘灿，1999．论中国劳动力市场的体制性分割［J］．经济学家，6（6）：18-22．
李强，2011．打破“体制内”的特殊利益［N/OL］．新京报，［2015-04-06］．http://www.bynews.com.cn/finance/2011/03/05/108585.htm．
李实，魏众，2008．中国经济改革与城镇劳动力市场分割——不同地区职工工资收入差距的分析［J］．中国人口科学，（2）：2-11．
李湘萍，郝克明，2006．中国劳动力市场户籍分割与企业人力资本投资的作用［J］．经济经纬，（1）：71-75．
李娅，2009．东西部产业转移滞缓与我国劳动力比较优势［J］．思想战线，35（4）：129-130．
李雁玲，2008．澳门产业结构与就业结构变动研究［D］．广州：暨南大学．
李月，2008．刘易斯转折点的跨越与挑战——对台湾20世纪60～70年代经济政策的分析及借鉴［J］．财经问题研究，（9）：30-36．
李泽民，2007．基于中国国情的产业转移动力机制探究——兼论我国欠发达地区积极承接产业转移的基本对策［J］．学术论坛，（11）：122-127．
李真，2011．国际产业转移机理与衍生效应研究——一个基于贸易角度的政治经济学模型分析［J］．当代经济研究，（6）：82-88．
厉以宁，1998．非均衡的中国经济［M］．广州：广东经济出版社．
梁聪，2007．中国劳动力市场的非均衡现象［J］．河北联合大学学报（社会科学版），7（s1）：10-11．
刘钧，2011．我国农业剩余劳动力供给的“刘易斯拐点”争议综述［J］．经济学动态，（7）：94-98．
刘力，2009．产业转移与产业升级的区域联动机制研究——兼论广东区域经济协调发展模式［J］．国际经贸探索，25（12）：9-13．
刘学军，赵耀辉，2009．劳动力流动对城市劳动力市场的影响［J］．经济学（季刊），8（2）：693-710．
莫荣，2011．后金融危机时期我国就业促进政策研究［J］．经济研究参考，（28）：52-76．
聂盛，2004．我国经济转型期间的劳动力市场分割：从所有制分割到行业分割［J］．当代经济科学，（6）：23-28．
彭连清，詹向阳，2007．沿海地区产业转移与欠发达地区农村劳动力转移模式的演变——以珠三角为例［J］．当代经济研究，（5）：48-51．
时磊，田艳芳，2013．资本市场扭曲与劳动力市场结构非均衡［J］．上海经济研究，（11）：63-75．
史晋川，战明华，2006．聚集效应、劳动力市场分割与城市增长机制的重构［J］．财经研究，32（1）：5-19．
孙华平，黄祖辉，2008．区域产业转移中的地方政府博弈［J］．贵州财经学院学报，（3）：6-10．
孙乐，2010．中国劳动力市场灵活性与安全性平衡探讨［J］．人口与经济，（3）：40-45．
孙文凯，白重恩，谢沛初，2011．户籍制度改革对中国农村劳动力流动的影响［J］．经济研究，46（1）：28-41．
孙自铎，2008．中国进入“刘易斯拐点”了吗？——兼论经济增长人口红利说［J］．经济学家，1（1）：117-119．

陶良虎，2010．国内外产业转移与中部地区产业承接问题研究［J］．理论月刊，（1）：5-11．
童玉芬，2007.北京劳动力需求量变动及影响因素的分析［J］．求是学刊，34（5）：49-54．
王诚，2000．当前经济增长中的失业及其治理［J］．浙江社会科学，（5）：22-30．
王德文，2009．中国刘易斯转折点：标志与含义［J］．人口研究，33（2）：32-35．
王德文，吴要武，蔡昉，2004．迁移、失业与城市劳动力市场分割——为什么农村迁移者的失业率很低？［J］．世界经济文汇，（1）：37-52．
王怀民，2005．中国加工贸易出口主体分化问题探析——一个劳动力市场分割的视角［J］．生产力研究，（8）：150-152．
王欢，黄健元，王薇，2014．人口结构转变、产业及就业结构调整背景下劳动力供求关系分析［J］．人口经济，（2）：96-105．
王小鲁，樊纲，2004．中国地区差距变动的趋势和影响因素［J］．经济研究，39（1）：33-44．
王晓莹，2009．劳动力流动与东南沿海产业转移的问题研究［D］．厦门：厦门大学．
王兴中，2005．区际要素流动与“泛珠三角”区域合作中的产业转移［J］．中共桂林市委党校学报，5（9）：32-34．
王阳，2011．转型期我国劳动力市场运行模式的评估与优化——立足劳动力市场灵活安全性理论的考察［J］．中国人力资源开发，（1）：5-12．
王忠平，王怀宇，2007．区际产业转移形成的动力研究［J］．大连理工大学学报（社会科学版），28（3）：22-26．
魏后凯，2003．产业转移的发展趋势及其对竞争力的影响［J］．福建论坛（经济社会版），（4）：11-15．
魏作磊，邝彬，2009．制造业对服务业的产业依赖及其对促进我国就业增长的启示［J］．经济学家，（11）：47-51．
夏杰长，2000．我国劳动就业结构与产业结构的偏差［J］．中国工业经济，（1）：36-41．
肖六亿，2008．劳动力流动的原驱力：技术进步［M］．四川：四川大学出版社．
小岛清，1991．对外贸易论［M］．天津：南开大学出版社．
熊婕，腾洋洋，2010．农村异质性劳动力转移对城乡收入差距的影响机制与检验：基于刘易斯二元经济理论的推理和实证分析［J］．中国人口科学，（s1）：31-40．
薛继亮，2013．产业结构转型和劳动力市场调整的微观机理研究：理论与实践［J］．上海财经大学学报，15（1）：66-73．
杨春瑰，2003．劳动力迁移的logistic离散模型及其稳定性分析［J］．中国农村观察，（2）：45-49．
杨玉桢，等，2007．FDI对河北省技术外溢效应的实证分析［J］．河北工业大学学报，（3）：58-64．
姚莉，罗婷，2012．产业转移对武汉劳动力的影响研究［J］．当代经济，（24）：112-113．
姚上海，2009．“刘易斯拐点”突现：我国劳动力资源面临重大转型［J］．江南大学学报（人文社会科学版），8（6）：96-102．
易振华，应千凡，2011．产业转移趋势下我国劳动力区域性短缺问题研究：基于东西部地区的实证［J］．浙江金融，（4）：21-27，53．
余官胜，2012．贸易增长、劳动力市场，刚性与产业间劳动力转移——基于面板数据门槛效应模型的实证研究［J］．经济评论，（1）：16-121．
袁志刚，2007．中国城乡劳动力流动与城镇失业——理论和经验研究［M］．北京：经济科学出版社．
张炳申，朱卫平，2000．我国城镇劳动力配置二元结构的及其转换［J］．暨南学报（哲学社会科学版），22（2）：72-80．
张车伟，2009．中国30年经济增长与就业：构建灵活安全的劳动力市场［J］．中国工业经济，（1）：18-28．
张宏伟，2008．三元经济下劳动力流动的分析框架［M］．北京：经济科学出版社．
张辽，杨成林，2013．劳动力流动、市场一体化与地区间产业转移［J］．财经科学，（6）：89-98．
张弢，李松志，2008．产业区域转移形成的影响因素及模型探讨［J］．经济问题探索，（1）：49-54．
张晓波，杨进，王生林，2009．中国经济到了刘易斯转折点了吗?——来自贫困地区的证据［J］．浙江大学学报：人文社会科学版，40（6）：54-72．
张原，沈琴琴，2012．平衡中国劳动力市场的灵活安全性——理论指标、实证研究及政策选择［J］．经济评论，（4）：53-67．
张展新，2004．劳动力市场的产业分割与劳动人口的流动［J］．中国人口科学，（2）：45-52．
张智勇，2005．户籍制度：农民工就业歧视形成之根源［J］．农村经济，（4）：123-127．
赵伟，李芬，2007．异质性劳动力流动与区域收入差距：新经济地理学模型的扩展分析［J］．中国人口科学，（1）：27-36．

中国经济增长与宏观稳定课题组，2007．劳动力供给效应与中国经济增长路径转换［J］．经济研究，（10）：4-16．
周其仁，1997．机会与能力：中国农村劳动力的就业和流动［J］．管理世界，（5）：81-101．
周申，杨红彦，2012．经济开放条件下劳动力市场灵活性与内资企业劳动生产率——基于中国省市和行业数据的经验研究［J］．国际贸易问题，（3）：64-78．
朱镜德，2001．现阶段中国劳动力流动模式、就业政策与经济发展［J］．中国人口科学，（4）：10-14．
朱农，2001．中国四元经济下的人口迁移——理论、现状与实证分析［J］．人口与经济，（1）：44-76．
朱农，2005．中国劳动力流动与“三农”问题［M］．武汉：武汉大学出版社．
ADVINCULAV, ROSSEL, 2000. Foreign direct investments, competitiveness, and industrial upgrading: The case of the Republic of Korea [D]. Seoul: KDI School.
AYUMA T, 2012. The effects of FDI on domestic workers: Firm-level evidence from Japan [D]. Nagoya: Nanzan University.
BELDERBOS R, WAKASUGI R, Zou J,2012. Business groups, foreign direct investment, and capital goods trade: The import behavior of Japanese affiliates [J]. Journal of the Japanese and InternationaI Economies, 26(2):187-200.
BLOMSTROM M, KONAN D E, LIPSEY R E ,2000. FDI in the restructuring of the Japanese economy [J]. Nber Working Papers, 50(7):76-93.
BLONIGE B A, 2005. A review of the empirical literature on FDI determmants [J]. Atlantic Economic Journal, 33(4):383-403.
HIJZEN A , JEAN S , MAYER T , 2011. The effects at home of initiating production abroad: Evidence from matched French firms [J]. Review of World Economics, 147(3):457-483.
HUANG CHIA-HUI, YANG CHIH-HAI, RAMSTETTER, 2011. How does overseas activity affect parent employment in newly advanced economies? Evidence from Taiwan [J]. E D Taiwan Economic Review, 45 (3): 391-419.
KOKKO A, 2006.The home country effects of FDI in developed economies [D]. Stockholm: Stockholm School of Economics.
MARJAN S, MATIJA R, ANDREJA T, 2000. The restructuring role of outward foreign direct investment by central european firms: The case of slovenia [J]. Advances in International Marketing , 10:53-88.
WAGNER, JOACHIM, 2011. Offshoring and firm performance: Self-selection, effects on performance, or both? [J]. Review of World Economics, 147 (2):217-247
YAMASHITA N, FUKAO K , 2010. Expansion abroad and jobs at home: Evidence from Japanese multinational enterprises [J]. Japan and the World Economy, 22 (2):88-97.